# 地理認識の教育学

―探検・地理区から防災・観光まで―

寺本　潔　著

帝国書院

# プロローグ

現代ほど、地理認識が求められている時代はない。新型コロナウイルスを話題にすれば、街中での個々人の社会的距離の取り方や3密を避ける日常生活での気づきをはじめ、世界的な感染症流行の地図での理解、国内外への旅行と受け入れる観光地の対応、通勤に使う電車内の安全性、留学や出張の在り方、各種イベント開催に至るまで的確な地理認識が必要だからである。さらに大規模な自然災害やテロ、戦争がこうした時代にダブルで生じてしまえば、世界の不確実性は増すばかりになり、その正しい理解にも地理認識は必須の能力となる。

地理認識は同時に人を育てることにも寄与する。探検行動や旅行を通して地理認識をもっと意識し世界像を豊かにしたい。『地理認識の教育学』と題した理由は、地理認識を掌《つかさど》る地理教育論があまり重視されてこなかったからにほかならない。しばしば、歴史と地理は縦糸と横糸と称されるものの、歴史（認識）に比べ地理（認識）は今一つ重要視されていない。一方

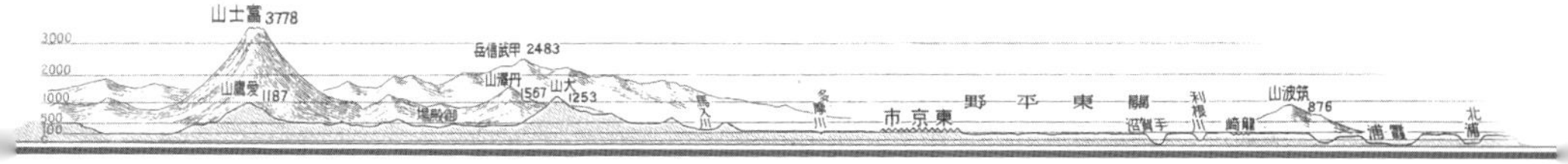

で、地理でなく地図という用語は、誰しもがその有用性を理解しているため、多くの書名やテレビ番組のタイトルでもしばしば見かけ、「人体の地図」などと表現されるように医学分野でも用いられるほど多岐にわたり使用されている。しかし、地理という用語は案外使われていない。位置認識や事象の空間的な成立要因を説明する際には、地理的な認識が大事との表現がなされているものの、社会生活を確かなものにし人々の世界像を豊かにする地理認識については、余り語られてこなかった。

　本書は、著者である寺本が定年の近づく中、長年探究してきた子どもの空間認識研究や地理区、防災学習、観光教育を包括する紐帯《ちゅうたい》として、「地理認識の教育学」という言葉を強調し企画した。過去に遡《さかのぼ》って関連する論考の中から数本の論文を選び、加筆・修正しながら編集した実践的な教育学の書である。本書を上梓するに際して帝国書院の今井秀幸氏をはじめ第二編集室の方々の御尽力を頂いた。この場を借りて深い感謝の意をささげたい。

令和3年1月吉日

寺本　潔

# 目次

# 第I部 探検：子どもにとっての「場所の体験」と空間認識の発達

## ―手描き地図と探検行動に着目して―

子どもの地理認識の芽生えは、探検行動のはじまりに遡《さかのぼ》れる。幼い頃に思い切って知らない道を進んだり、ちょっぴり遠出を試みたことはないだろうか。ここでは、子どもにとっていかに「場所の体験」が重要であり、空間認識の発達に不可欠であることを論じてみたい。

## Ⅰ　はじめに

幼児から小学生児童に至る発達は、空間認識や様々な「場所の体験」の面で大きく変容することが知られている。我が国の場合は、徒歩で学校に通学する経験が少なからず地域空間への認識発達に影響を及ぼしている。いわゆる、通学路を軸として自宅から学校に至る心的空間が9歳前後を境に線的なものから、面的なものへと発達することが知られている。心理学では、ルートマップ型の心像から、サーベイマップ型へと変容する過程を指し、地理学ではメンタルマップの形成過程を主に手描き地図の分析から把握しようとする研究が蓄積されてきた（寺本：１９８８）。

本稿では、筆者が熊本県阿蘇《あそ》地方や愛知県春日井《かすがい》市で収集した計１３００名を超す児童・生徒による学区域を中心とする手描き地図の分析とインテンシブな実地調査から、地理的な環境との関わりで発達する子どもの空間認識を論じると共に、「ひみつ基地」など独特な子どもの探検行動にも着目したい。

### 1　手描き地図の特性

日常、通学行為や野外における遊び行動を通して子どもは空間認識を確かなものにしていく。通学路を軸に、次第に自宅と学校との間だけでなく、面的にも複数の枝道を利用し経験知を積み重ねていく。アメリカ地理学会の会長も務めたゴリッジ教授は、こうした地理的認識の発達過程をアンカー・ポイント理論として提唱し、人間の認知空間の拡大過程をモデル化して提示した（図Ⅰ-1）。心理学では、前述したようにルートマップ型の心像から、サーベイマップ型への転換が早くて9歳頃より生じる。こうした視点の転換をどのように可視化するかと問われた場合、簡便な方法として子ども自身に地域空間の手描き地図を描いてもらう方法が、しばしば地理学や都市計画学で用いられてきた。地理学では、Hart, RやMathewsらによる体系的な研究が有名であり、都市計画学では名著『都市のイメージ』を著したK・リンチが多くの青少年に都市の手描き地図を描かせつつ、都市イメージの変容を論じている。

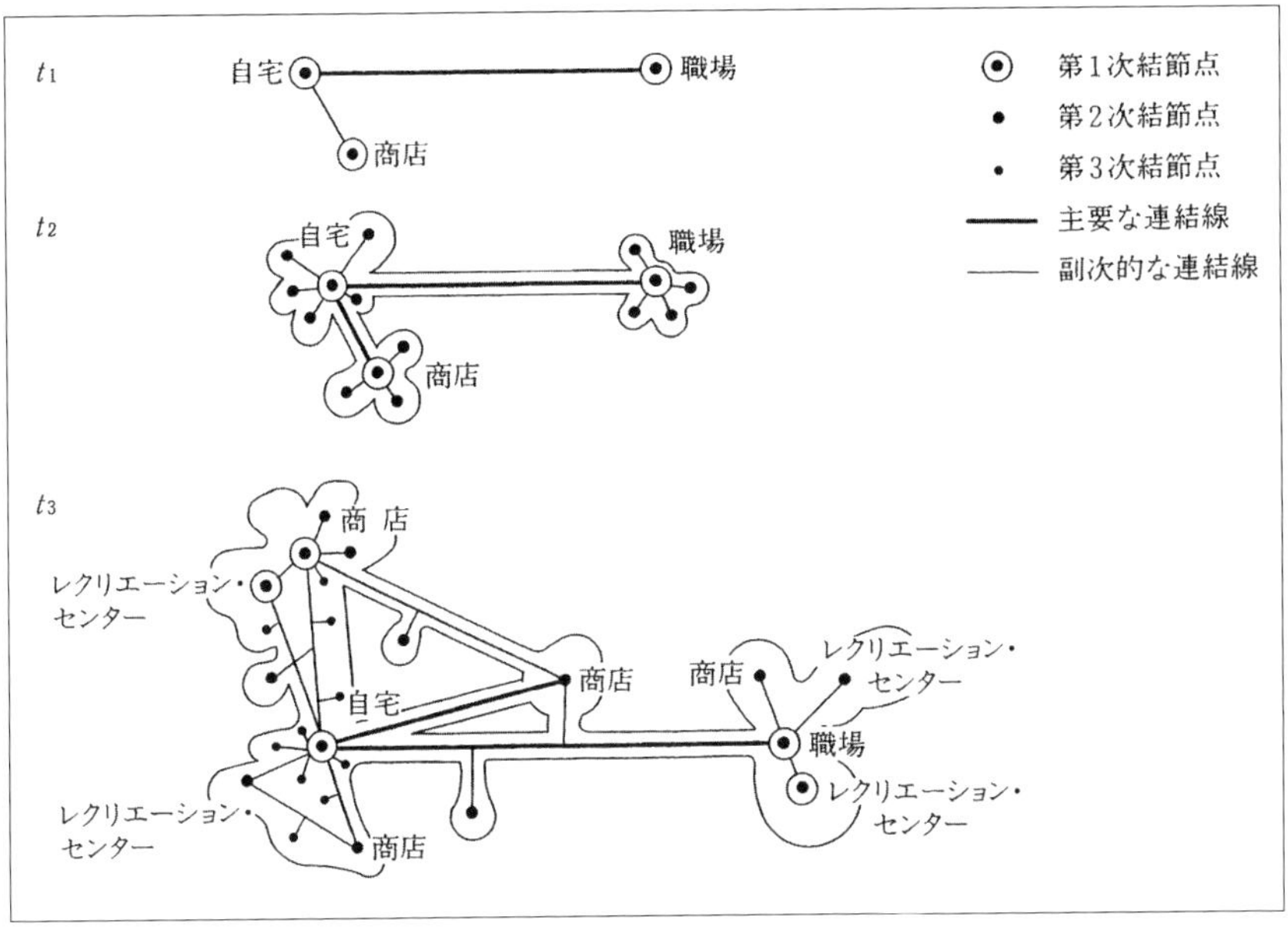


図Ｉ－１　アンカーポイント理論の記述モデル

子どもの空間認識の研究は、教育学や人文地理学においても臨床的な研究事例が見られ、筆者や大西《おおにし》宏治《こうじ》らにより、多くの事例研究の積み重ねがなされてきた（寺本・大西：２００４）。その結果、ある程度、我が国の子どもの地理的空間認識の発達過程が明らかにされてきた。近年、吉《よし》田《だ》和義《かずよし》（２０１８）によりその体系化がなされ、一定の研究の到達点に達したと言える。

しかし、自宅周囲や通学路、及びそれよりも多少広がりを持った範囲に関する子ども自身による手描き地図（図Ｉ－２）は、何といっても個人差が著しい。手描きという描図力の差異はもちろん、子ども自身の地域空間に関する経験知の差異も影響を与えるからである。限られた紙面に知っている範囲の地図を描かせる場合、どんどん道路や建物を書き進めていく子どももいれば、そうでない子どももいる。性格にもよると思われるが、大胆に描く子どもと紙面の端に小さく描く子どももいる。その点、短冊用紙を用いて自宅と通学路を最初に描かせ、次第にその周辺を描くように促すと広がりをもった地図に仕上がる。地域空間に関する経験知の場合は、習い事や自転車利用など、その子に

図Ⅰ-2　地図中に7か所もの「ぬけみち」と称する細い道が描かれている例
（小学校5年生・男子）

応じた日常の行動範囲の違いがあり、都市部ではバスや電車で放課後、移動する子どももいるため個人差が大きくなる。また、農村地域と市街地でも遠方が見渡せる地域とビルによって視界が遮《さえぎ》られてしまう地域とでは認知空間の広がりに差が生じる。多くの手描き地図が収集できた熊本県阿蘇谷の場合は、谷底平野が外輪山に囲まれ、あるまとまった平地として景観的にも捉えやすいことが認知空間を広げていた。また、地方の農村部では都市部と比べ習い事も多くなく、交通事故や犯罪への心配もほとんどないことから、比較的に子どもの野外での自由な行動が可能であった点も手描き地図の描かれた範囲に影響を及ぼしたと思われる。

## 2　描かれた範囲の形状

子どもたちが描いた地図が実際はどの範囲を描いているのかを調べるために、手描き地図を読み取り、正確な地図にその範囲をプロットして複数の子どもの手描き地図の範囲を確定する方法がある（図Ⅰ-3）。子どもが描く手描き地図は、行動の軸となる通学路を中心に、次第に外延的な拡大を経験の蓄積と共に果たしていくが、過疎地域で通学バスを利用している子どもの場合は、著しくルートマップ型に偏ることが報告されている。山間部の小規模校の場合、通学距離が長く、バス路線沿いにしか認知が形成されていない。地図に描かれる山林部は「やま」と省略されるか、空白の場合が多い。筆者が調査した熊本県阿蘇谷の場合は、自宅と小学校間の徒歩通学に20分～1時間程度かかるケースが大半であったせいか、ある程度広がりをもったサーベイマップ型の地図へと年齢と共に順調に発達する傾向が強かった。「ぬけみち」と称する書き込みも見られ、幹線道路を認識の枠組みとして構築し、建物名や地名に関しても記入できていた。地理学は、環境の中における人間行動を認知地図や景観、場所への愛着といったキーワードから接近し、実証的に子ども世界の空間構造を解明してきた。代表的な研究は、米国の地理学者ロジャー・ハート著『子どもの場所探検』(Children's experience of place, 1979) という優れたフィールド研究があげられる。この研究に触発されて、筆者も１９８１年ごろから都市や農山村、漁村などフィールドに出かけて約20年間にわたり実証的に調べてきた。子ども自身に身近な環境の手描き地図を描かせ、そこに表出された場所の特性を環境心理学や教育社会学、民俗学などの知見からも学びつつ考察し、怖さや暗さなどに強い関心を抱く子どもの相貌的《そうぼうてき》(フィジオノミック)な知覚から独特の場所を捉えたりする研究を蓄積してきた。

　とりわけ実際の地理空間として、秘密基地や子ども道、お化け屋敷など、意味づけられた遊びの拠点にも関心を向けてきた。その手法は、まず子ども自身に身近な遊び環境についての地図を描いてもらうこと、そこに書き込まれた「意味づけられた場所の記入」に着目し、実際に記入してくれた子どもにその場所に案内してもらい、地理的な考察を加えるという参与観察的な方法で調査を実施してきた。

## 3　野外への子どもの出歩き

　野外への子どもによる出歩きが社会的な制約によって狭く閉ざされる傾向が先進国でさえも見られる。米国のクリーブランド州にあるCase Western Reserve Univ.に勤務するJames C. SPILSBURY教授は、7歳

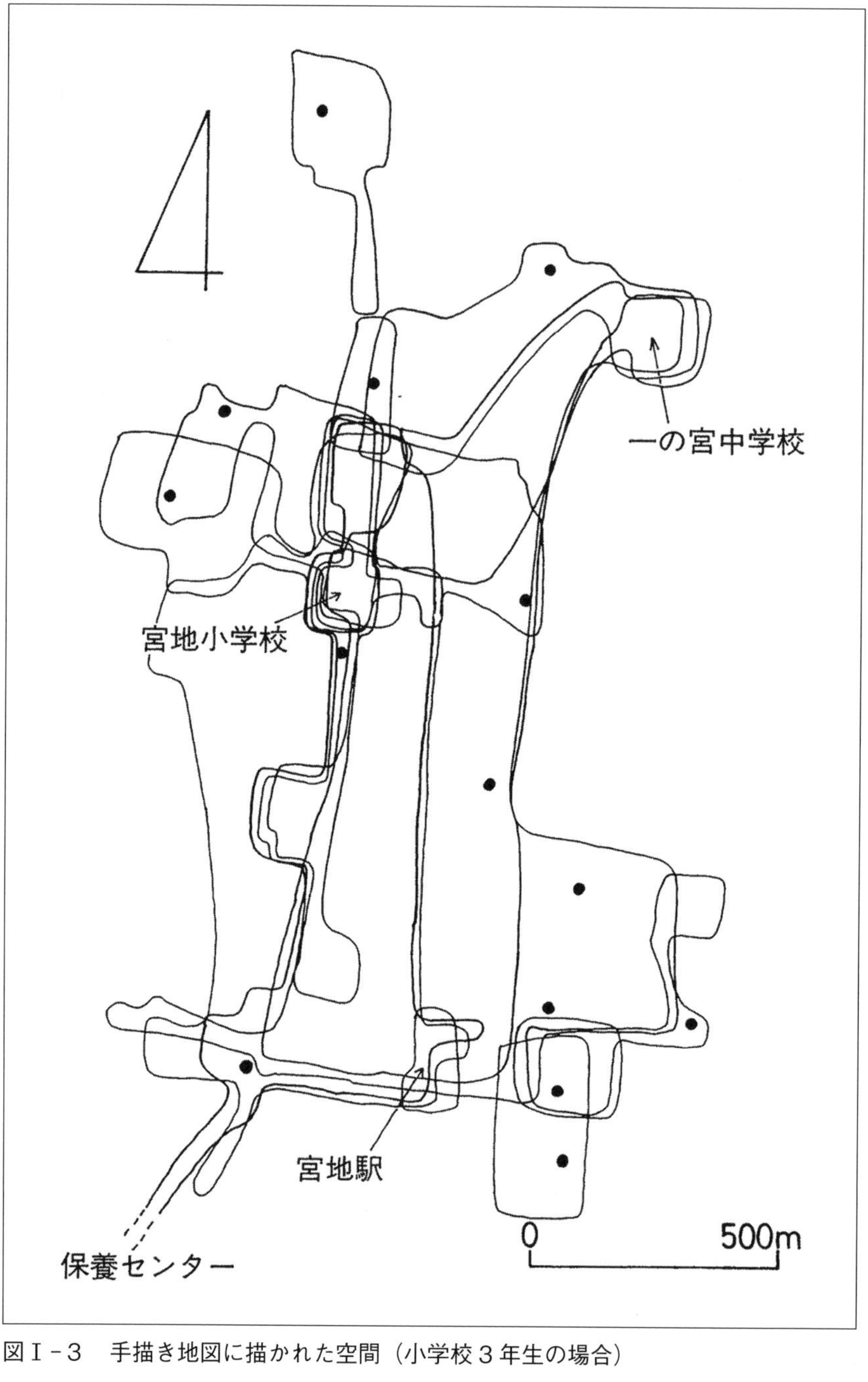


図Ｉ－３　手描き地図に描かれた空間（小学校３年生の場合）

から11歳までの子どものホームレンジ（近隣、身近な地域）を実証的に調査し、子ども自身による近隣学習の結果が如実に示されることを示唆し、さらに子どものジェンダー問題が現れているとした。とりわけ、10～11歳の少女では、「1人になるとき」の範囲が極端に狭くなる傾向にあり、我が子への犯罪を怖れた親により、野外への出歩きが男女で大きく異なる傾向があることを実証的に論じた（図Ⅰ－4）。このように男子と女子の空間認識の発達の違いは、単に発達心理の男女差という精神的な要因だけでなく、女子という社会的に行動への制約を受けやすい性差、つまりジェンダーの問題に起因することが示唆される。我が国の場合にも幼い女児や若年女性がつきまといや痴漢、連れ去りなどに遭遇《そうぐう》する割合が男児や若年男性に比べ、圧倒的に多いことが危惧《きぐ》されるため、保護者が女児に対して行動の制約を一層強めている。

　また、Hartが調査した都市郊外の事例でも、子どもの探検行動に影響を及ぼす様々な心配や制約が端的に示されている。交通事故への親の心配や川での溺死《できし》の心配、崖《がけ》からの転落の心配、廃屋《はいおく》や井戸の存在である。

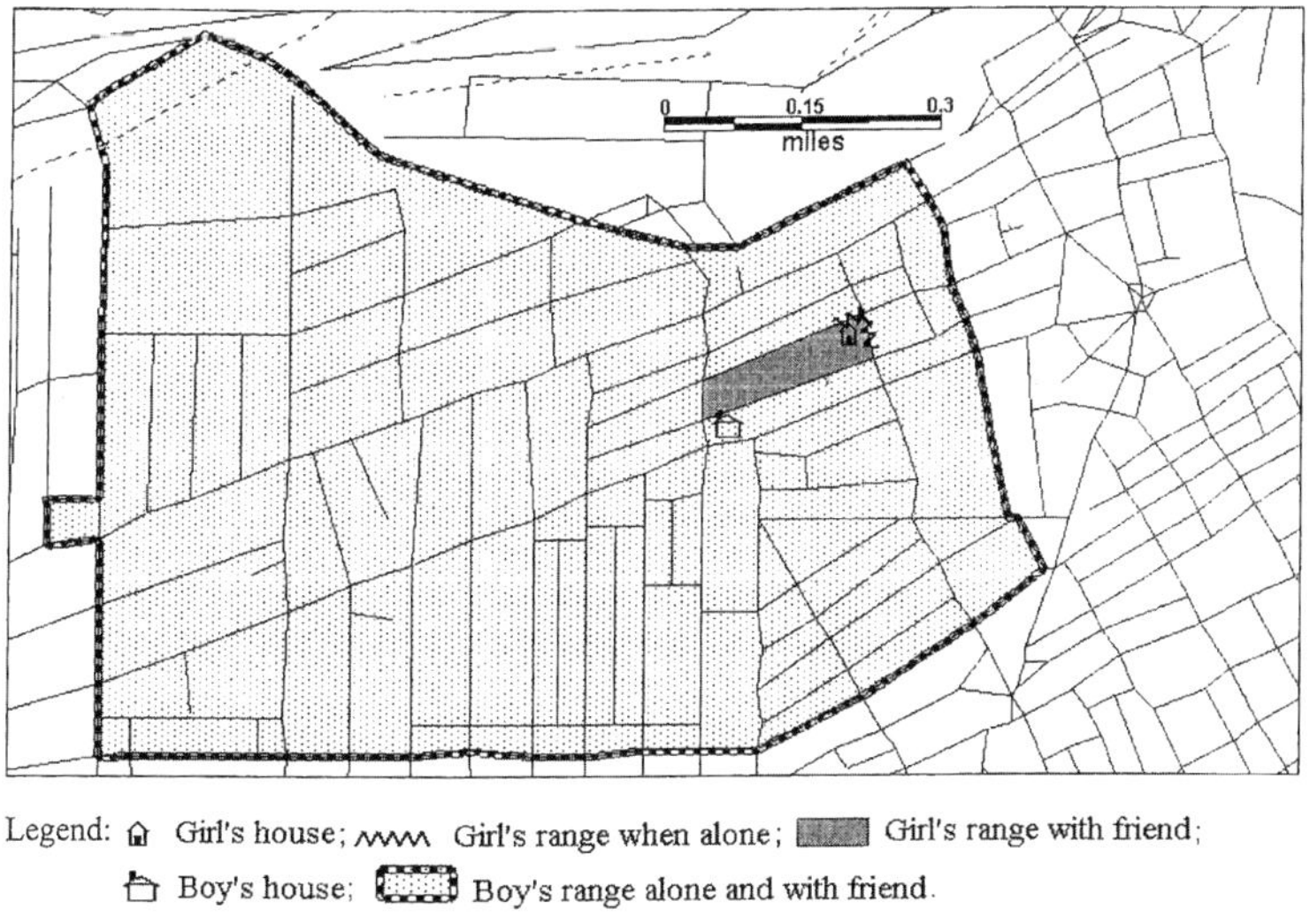


**Figure 1.** Home ranges of 11-year-old boy and girl, elevated-violence neighborhood.

図Ⅰ－4　近隣におけるバイオレンスを恐れた11歳男女のホームレンジの違い

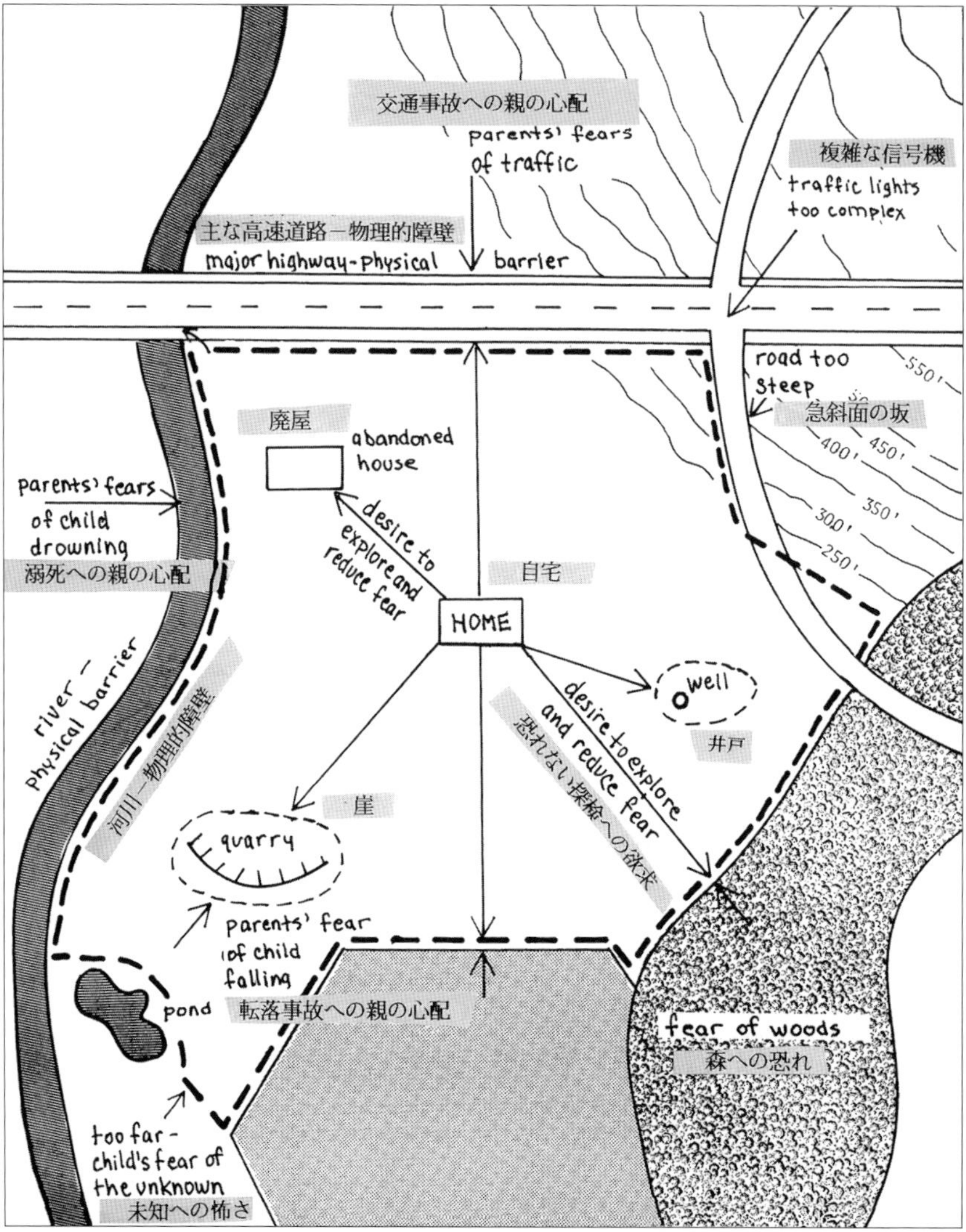


図Ⅰ－5　子どもの空間行動に影響を及ぼす様々な公的な力

図中に示された破線の範囲は、8歳男児の行動範囲を示している（図Ⅰ－5）が、冒険を容易にはできない子ども環境にある。

かつて、筆者も体験した記憶が鮮明に残っているが、小学校3、4年生の時分に学区からかなり離れた都市中心部のデパートに仲間3人と歩いて出かけたことがあった。子どもだけで学区外に出歩いて行ってはいけないと厳しく校則で禁じられていたのであったが、それまで家族とバスや自家用車でしか行った事がなかった中心街に自分たちの足で行ってみたかった。いわば小さな探検である。その当時、人口45万人の都市のやや郊外に位置する自分の小学校学区域は、自転車で乗り回していたせいか、熟知していた。その熟知した学区の外に出ることへの探検が実行に移された。このように生涯の記憶に残る探検行動は、おそらく発達課題として重要な意味を持つものと思われ、現代の先進国の都市部における子どもたちに野外への出歩きが安全管理の視点から、著しく制約を余儀なくされている傾向は、問題と言わざるを得ない。

# Ⅱ　都市環境に生きる子ども

## 1　地理学からの研究角度

都市環境に生きる子どもというアングルは、地理学では子どもを取り巻く文化の空間的側面を捉える文化地理学、あるいは現代社会に生きる社会的な存在として子ども（この場合、若者も含む）を捉える社会地理学といった研究分野において多岐に論じられてきた（大西：2000、杉山：1999）。とりわけ都市環境における「生活者としての子ども」については、生活行動と絡めた認知地図や青少年の景観認知、場所への愛着、若者の居場所、ジェンダーといったキーワードから接近した研究が多い。これらの研究のルーツの一つに、K・リンチによる『青少年のための都市環境』（1980）の国際比較研究があげられる。リンチの研究に代表されるように、欧米では早くから子どもがどういった都市環境で生活すべきかを論じた実証的な研究が登場している。また、近年、英国で発刊された『子どもの地理学』（年3回発行）というジャーナルに代表されるように地理学も地域に生活する子どもを捉えるように努力してきている。その研究史においては、子ども世界の地理的な空間構造を解明してきた代表的な研究として、前述した米国の地理学者ロジャー・ハート著『子どもの場所探検』（Children's experience of place, 1979）という大著（全５１８頁《ページ》）が筆頭にあげられるだろう。この研究は、アメリカ北東部のある街（ニューヨーク郊外）における子どもの遊び行動や遊びの拠点、空間認知の発達過程を詳細に調査し、都市環境における子どもの成長がどうあるべきかについて多くの示唆に富む視点を与えてくれた。前述したように筆者もこの研究に触発され、さらに、子どもが空間に抱く心象として場所の好き嫌い、怖さや暗さなどに強い関心を抱く子どもの相貌的《そうぼうてき》（フィジオノミック）な知覚に関しても研究を行った。１９９５年ごろには臨床心理の手法で用いられる写真投影法にも注目して手描き地図だけでなく、子ども自身が撮影した環境写真からも子ども世界を読み解く努力をしてきた。これらの動向に関しては学会誌『人文地理』において発表した展望論文を参照して頂きたい（寺本：２００３）。

本稿では、これまでの研究や他分野の動向などに視野を広げつつ日本の都市環境と子どもとの関係を地理学的に論じてみたい。特に近年の日本社会では子どもの屋外における安全で安心できる環境が、犯罪や事故への懸念から、悪化の一途をたどっており、自由な空間行動に制約がかけられつつある。かつての群れ遊びやアジトスペース（仙田：１９８４）は全くと言っていいほど見られなくなってきた。

一方、都市環境のメンタルマップの形成を促す地図や画像などの地理的情報はむしろ増加しており、余暇や塾のために空間移動を伴う機会が現代日本の子どもたちは増えている。親に連れられて国内や海外旅行に出かけたり、留学やキャンプ、農山村長期宿泊体験に出かけたり、郊外ショッピングセンターへの購買行動など、多様な空間移動と空間体験の機会も増えている。とりわけ、親の所得格差に応じて子どもの地理的体験の格差も生じていることが予想され、日本の子どもの空間認識を単純に論じることはできない。

## 2　都市環境で生活する子どもにとっての「場所」の意味

人文地理学で重視してきた用語に、場所（Place）という言葉がある。場所には様々な意味や体験的記憶が付着している。かつて自分が住んでいた場所、子ども時代に秘密基地をつくった空き地、先祖が葬られている墓地など様々な意味が場所には付着している。そのうちで愛着の強い場所に対して米国の有名な人文主義地理学者であるイー・フー・トゥアンが場所愛（トポフィリア　TOPOPHILIA）という言葉を当てはめて論じた（Tuan, 1974）。人間はトポフィリアのある場所にこだわり、その場所に満足や楽しみを切望したり、あるいは回帰したり、その場所を再現したりもする。子どもにとってのトポフィリアに言及してみれば、例えば、自宅の押入れにつくった秘密の隠れ場所があげられる。そこに入ると不思議と心が落ち着き、愛玩物《あいがんぶつ》を持ち込んだりしたものである。心理学の知見を借りれば、ゆりかごに似た母胎に似ているが、屋外にこしらえる「ひみつ基地」もそういった感情が沸いてくる。もちろん、仲間とつくる屋外の基地はアジトの機能も併せ持ち、入るのに合言葉が必要だったり、竹やりやモデルガンなどの武器が準備されたりするものだが、基地の内部は気持ちが落ち着くものである。シェルターのように囲われている構造だからであろうか。

一方、現代の都市環境においては、子どもたちだけで建設された「ひみつ基地」は消失しかけている。屋外に基地をこしらえること自体が困難な社会状況に陥っているからである。空き地の減少や基地づくりのための時間と仲間、材料が決定的に不足している。空き地がたとえあったとしても、立ち入り禁止の看板や有刺鉄線が設けられ、管理された空間（ドメイン）が増加している。子ども側の事情では、少子化に伴い地域で遊ぶ子どもの姿が少なくなっていること、基地の建設に必要なゆとりある遊び時間や基地づくりの材料（板切れや竹、ダンボール、タイヤなどの廃材）が近隣において入手しづらくなってきている背景がある。こうした危機感を抱いて2008年に愛知県瀬戸《せと》市で調査した際に、久しぶりに多くの「ひみつ基地」に出会うことができた。瀬戸市の東部に位置する「焼き物の里」

と呼ばれる地区で、雑木林や畑地、住宅地などが混在しているのどかな地区である。そこには小学生も多数在住し、基地が建設できる条件として、日中近隣で安全に遊べる環境があること、さらに親戚を含め、大人の姿を近隣で見かける頻度が多い点が基地づくりに適していると思われる。日中、畑作業や焼き物の窯の手入れなど、野外で大人の姿を見かける頻度が多いのである。おそらく子どもたちは、大人たちの作業姿を遠くで眺めつつ、半ば安心して基地づくりを愉しんでいるのであろう。「ひみつ基地」は大人たちによる無意識の見守りがあることが、基底に横たわっている条件なのかもしれない。瀬戸市郊外で発見された基地の1例は、自宅の脇に作られてはいるが、決して人目につきにくい基地ではなかった。その意味で、「ひみつ」の基地ではないかもしれないが、本人たちにとっては立派な「ひみつ基地」であった。

子どもは9歳前後になると独立した自分たちだけの世界、大人からコントロールされたりしない場所を欲するようになる。だからといって家出するような親離れを意味するのでなく、遊びの中で親や周囲の大人たちには知られていない「ひみつの場所」を欲するのである。親や周囲の大人たちは全くその存在を知らない場合もあれば、黙認しているケースもある(表Ⅰ-1)。そういった自治的な場所は、自宅内から、自宅近くのちょっとした建物の隙間《すきま》や林地につくられ、大人世界にとっては死角にあたる場所であるせいか、一種の「あやしさ」が子どもたちにとっての魅力の場所となっている。表Ⅰ-2は、愛知県瀬戸市において2005年に調査した結果をまとめたものである。二つの環境のやや異なる小学校に依頼して、1年生から6年生に至る合計439名に依頼して遊び場の様子を地図に描いてもらい、その中に描かれた「ひみつ基地」の実数と建設された場所を集計したものである。A小学校は市街地の都市化が進んだ地区でB小学校は郊外の比較的林地が残っている地区である。どちらも「草むらの中」や「森の中」「植え込みの中」などに建設されるケースが多く、人工的環境よりもどちらかと言えば、自然的環境が卓越した地区につくられやすい。

実際の事例をあげてみたい。資材置き場の一番奥にある資材の中につくられた例では角材の間に板を挟ん

表Ⅰ－1　「ひみつ基地」づくりに対する親の認知

<table>
<tr><th>ひみつ基地の所持について</th><th>ひみつ基地の場所について</th><th>遊びのグループ</th><th>コメント</th></tr>
<tr><td rowspan="4">知らない</td><td rowspan="7">知らない</td><td>A</td><td>全く知らない。</td></tr>
<tr><td>G</td><td>知らない。もし知ったとしたら，行かせてもらえなくなりそう。</td></tr>
<tr><td>H</td><td>内緒。(グループの中のある子のうちの倉庫なので)その友達のうちに遊びに行くと言って出てくる。</td></tr>
<tr><td>I</td><td>内緒。知らないはず。知っても入ってこられないはず。</td></tr>
<tr><td rowspan="6">知っている</td><td>E</td><td>持っていることは知っているが場所は知らないはずである。ひみつ基地に近い家の友達のうちに遊びに行くと言って出てくる。</td></tr>
<tr><td>F</td><td>あることは知っているが，山の奥なので親は知らないはずだし，知ったとしても来ないはず。</td></tr>
<tr><td>J</td><td>持っていることは知っているけど，場所までは知らないはず。</td></tr>
<tr><td rowspan="3">知っている</td><td>B</td><td>最初は知らなかったが，台風がきたときに壊れてしまうことを心配していたらばれてしまった。<br>お父さんが補強してくれた。</td></tr>
<tr><td>C</td><td>最初は内緒だったけど，途中から知られてしまった。知っているからご飯を届けてくれる。</td></tr>
<tr><td>D</td><td>家のすぐ隣なので知っている。</td></tr>
</table>

（読取り調査より作成）

表Ⅰ－2　「ひみつ基地」づくりの経験　　[(　) 内は各被験者に対する回答者の割合 (%)]

| | A校 | | B校 | | C校 | |
|---|---|---|---|---|---|---|
| | 男子 | 女子 | 男子 | 女子 | 男子 | 女子 |
| ある | 70 (51) | 41 (30) | 55 (67) | 52 (69) | 125 (57) | 93 (44) |
| 友達* | 24 (18) | 15 (11) | 8 (10) | 2 (3) | 32 (15) | 17 (8) |
| ない | 42 (31) | 80 (59) | 19 (23) | 21 (28) | 61 (28) | 101 (48) |
| 合計 | 136 (100) | 135 (100) | 82 (100) | 75 (100) | 218 (100) | 210 (100) |

2008年に実施したアンケート調査より作成.
*：友達と一緒につくったことがあることを示す.

で壁にし、頭上にも板を乗せ屋根にした例である。入り口の大きさは幅40㎝、高さ1mほどで内部は幅1・5m、高さ1・3m、奥行き1・5m程の空間になっている。小学4年生の彼らは3、4人でガラクタや漫画、ゲームを持ち込んで一緒に遊んでいるらしい。資材置き場という雑然とした中にも、材木などが武器に見立てた遊びの材料に好都合であり、基地づくりの動機づけになっている。

女子の事例も紹介してみたい。ある例は小学2年生の女子が自宅から50m離れた雑木林の中につくった例で、外部からは基地のあることさえ分からない場所にあった。木の枝をかき分けて中に入ってみると、青いプラスティック製のトタンを背に2mほとの奥行きが見えてくる。鍋や皿、空き缶などを持ち込み、「ままごと」遊びに興じているという。「ままごと」自体、子どもが日常の生活を模倣したり、再現したりする遊びなので基地の中のつくりも一種の家屋の間取りに近いものがあり、「通路」とか「玄関」「窓」「寝るところ」「トイレ」「ゴミ捨て場」など家屋の構造につながる名前がつけられていた。

基地内には様々な材料が持ち込まれる。表Ⅰ－3はアンケートから判明した材料の一覧である。実に様々な材料を駆使して建設し、遊んでいることが分かる。「ひみつ基地」は概して人目につきにくく、狭い場所に建設されがちであることが分かる。基地に自分たちが「隠れる」、大切なものを基地に「隠す」といった機能を持たせ、数名以下の仲間で建設され、放課後の居場所となっている。また、ある基地は敵の進入から基地を守る構造になっていて、「みはり場」や「逃げ道」も用意され、望遠鏡やおもちゃの鉄砲、剣なども持ち込まれ、さながら陣地のように見立てている。建築家、仙田満《せんだみつる》氏が『こどもの遊び環境』の中で案出している「アジトスペース」がそれであり、「ひみつ基地」は、子どもたちの居場所なのである。

## 3　都市環境に残る「怖い場所」

都市環境で生活している子どもたちは、野外で怖い場所をどちらかと言えば見つけたがる傾向がある。子どもの知覚特性の一つに相貌的知覚があることは心理学者ウェルナーの指摘を待つまでもなく認められている。日本の子どもの場合、野外における怖い場所の代表格が「お化け屋敷」や「空き家」「幽霊の出る場所」である。壊れかけた空き家や倉庫、不気味な雰囲気をかもし出す森や林に隣接した家屋に命名されることが多く、子どもの通称地名の一種でもある。枝ぶりが不気味な桃の木を指して「お化けの木」と呼んでみたり、水田の隅に生じた湿地を「底なし沼」と呼んだりして恐れていたりする。写真Ｉ－１に示した通称「ネコ屋敷」は、そこに住んでいた人がネコに食い殺されたとか、ネコの人魂が出るといううわさも生じた場所である。写真で判別できるように空き家の脇にゴミ捨て場があり、そこに野良猫が集まってきているという事情も加担している。子どもたちに「こわい場所がこわい理由」について尋ねた一覧が表Ｉ－４である。これによれば、いかに怖さといった感情が多くの言説を引き出しているかが分かる。「あやしさ」の背景には、得体の知れない生き物や幽霊、死（血）、暗闇などがあり、誰かが死んだとか、呪われているなどの伝説が語られやすい。その中で、「お化け屋敷」の類は、大半は空き家に付けられたニックネームであり、古ぼけた窓や壁、捨てられた遊具やゴミ、手入れがされていない草木などがお化け屋敷の「あやしさ」を演出するための装置として機能している。

　ところで子どもは、どうして怖い場所を欲するのだろうか。その怖さの半面に日常の幸せがあり、怖いもの見たさの感情でも生じるのだろうか。筆者がかつて著名な民俗学者であった千葉徳爾《ちばとくじ》（故人、当時、明治大学教授）氏に尋ねたところ、幼い子どもには動物的な知覚が残っているからであると教えて頂いた。アニミズム的な知覚のあり方がその一例であるという。しかし、都市化の進展に伴い古ぼけた空き家が撤去されたり、管理責任を問われるため、立ち入り禁止になったり、さらに近年の子どもを狙った犯罪への心配から空き家や藪《やぶ》、地下道などの「入りやすくて見えにくい」場所への注意喚起の影響からそれらの「あやしい」場所と子どもたちの行動との接点が見られなくなっている。あやしさや怖れの感情を抱かせる場所の喪失は、子どもと都市環境の関係を考えていく上で課題を残しているのではないだろうか。

表Ⅰ-3　アンケートに書かれた「ひみつ基地」づくりの材料

| | 用途 | 物 |
|---|---|---|
| 基地の構造をつくるもの | 周りを囲める | ダンボール，岩，石，木の枝，板，トタン，竹，レンガ，わら，タイヤ，布 |
| | 下に敷く | ダンボール，ビニールシート，カーペット，ざら板，お風呂のマット，お風呂のふた，ござ，草，枝，水道管，タイヤ |
| | 屋根にする | ダンボール，わら，かさ，トタン |
| イメージを触発するもの | 生活感 | いす，机，岩（いすの代わり），ダンボール（机の代わり），ビールケース（机の代わり），コンクリート（机の代わり），毛布，布団，靴箱，本棚，ソファー，バケツ，ほうき，ポット，壊れたテレビ，発泡スチロール（冷蔵庫の代わり），時計，棚，ライト |
| | ファンタジー | 陶器の割れたもの，ビー玉，水がめ，つぼ，水道の蛇口，壊れた時計，皿，旗，ホース，鉄の棒（剣の代わり），瓦 |
| | 遊び | ハンモック，ターザンロープ，トランポリン，そり |

2008年に実施したアンケート調査より作成.

写真Ⅰ-1　「ネコ屋敷」と命名された場所。屋根瓦が崩れかけており、トタンの壁もさびついてはがれかけている。ゴミすて場に隣接しているせいでネコが集まってくる。

表Ⅰ－4　「こわい場所」がこわい理由

| 園　　児 | | 2　年　生 | |
|---|---|---|---|
| ・へびが出そうだから | (4) | ・へびが出そうだから | (5) |
| ・暗いから | (4) | ・おばけが出そうだから | (3) |
| ・おばけが出そうだから | (3) | ・お墓があるから | (3) |
| ・竹やぶがあるから | (3) | ・気持が悪いから | (3) |
| ・草が茂っているから | | ・かっぱが出るというから | (2) |
| ・何か音がするから | | ・竹やぶがあるから | (2) |
| ・綱が落ちているから | | ・暗くて下が見えないから | (2) |
| | | ・ねずみの死体があるから | |
| | | ・くもの巣があるから | |
| | | ・はちが来るから | |
| | | ・木の葉がいっぱいだから | |
| | | ・大きな穴があるから | |
| | | ・沼があるから | |
| | | ・静かだから | |

| 3　年　生 | | 5　年　生 | |
|---|---|---|---|
| ・へびが出そうだから | (9) | ・暗いから | (19) |
| ・暗いから | (4) | ・足がうずまるから | (9) |
| ・ねこがたくさんいるから | (3) | ・ガラスが割れているから | (7) |
| ・きつねの像があるから | (3) | ・木が茂っているから | (7) |
| ・空き家でぼろぼろだから | | ・ぼろぼろだから | (7) |
| ・ガラスが割れているから | | ・人が死んだというから | (7) |
| ・だれもいないから | | ・ねこがたくさんいるから | (5) |
| ・かっぱが出そうだから | | ・気持が悪いから | (3) |
| ・毛虫が落ちてくるから | | ・人がいないから | (3) |
| ・犬が死んでいたから | | ・竹やぶがあるから | (3) |
| ・いたちの骨が落ちているから | | ・神様がいるから | |
| ・ぶたの骨が落ちているから | | ・人形が置いてあるから | |
| ・いろいろな死体があるから | | ・毒きのこがあるから | |
| ・さそりがいるから | | ・お墓があるから | |
| ・血がついていたから | | ・むかでやからすがいるから | |
| ・死んだ人がいるというから | | ・ころびそうだから | |
| | | ・草が茂っているから | |
| | | ・火の玉が出るというから | |

注）（　）中は回答数

## 4　子ども道の役割

畦道《あぜみち》や塀に沿った隙間、穴の空いたフェンスなど、子どもだけが利用する「子ども道」と呼ばれる空間も秘密の通路と言ってもいいかもしれない。狭い道を通る際に「わくわくする」感情を抱いたり、道の周りが林地や工場建屋になっていて怖い感情を抱いたりする場合がある。調べたケースでは、「ひみつ基地」に通じる「子ども道」があったり、道そのものを指して恐いと認識した場合もあった。工場敷地内の道なので物音が工場から聞こえるのは当然なのだが、「僕たちが通ると何か分からないけど、ボンという音がするんだ。それに窓に何かの顔が見えるんだ。」などと述べたりする。

道は、かつて子どもたちの日常の遊び場であった。道で友達と出会い、道で夕日を眺めたり、迷ったりもした。そういった「子ども道」が多く描かれた身近な環境の地図は、意外としっかりとした地図の骨組みがあり、認知地図としても発達した姿を呈している。子ども道は、近隣の空間認知を形づくり、子ども同士の遊び空間を形づくるネットワークなのである。子どもの生活環境において、漆黒の暗闇はコンビニや外灯の増加ですっかり見られなくなっている。魑魅魍魎《ちみもうりょう》が跳梁跋扈《ちょうりょうばっこ》する世界など、アニメの中でしか見出せない。子どもたちから、「あやしさ」が消滅してしまえば、想像する気持ちや好奇心・恐怖心さえも萎《な》えてしまう。子ども世界にとって「あやしさ」は無くしてはいけない感覚的印象なのではないか。子どもの環境知覚の特色を考える場合、客体である環境と主体としての自分が未分化で、ときとして環境に主観的な意味や感情を付して知覚する傾向が見られる。ドイツの心理学者であるウェルナーが相貌的な知覚(physiognomic perception)と名付けた特性である。いわゆるアニミズム的な見方もこれに含まれる。こうした特性に関わる場所について筆者は、次のような調査を実施したことがあった。

「あなたの住んでいる家の近くや学校までの道筋で次のような場所や建物について知っていたら、絵や地図に書いて説明してください。」という指示で、①古いもの(お地蔵さん、言い伝えのある場所)、②こわいもの(ヘビのすみか、お化けの出る場所)、③ふしぎなもの

（神様のいるところ、へんな場所など）を描かせたこともある。「あやしい」場所（「ひみつ基地」・空き家・墓場）や「あやしい」時間（夕刻・闇）は、この世の中が不思議なもので満ちていること、自分の思いのままにならない世界が存在することを感じとらせ、人間らしさを見失わないための条件設定とも言える。だから、子どもの居住地区がすべて新しくつくられ人工的で整然と整えられた街並みだけであるなら、「あやしさ」はどこにも感じられない。例えば大規模なニュータウンや都心の集合住宅群に住む子どもにとって、「あやしい空間や時間」を見出すのは困難である。だからこそ、こういった地区に住む子どもに対しては、親は意図的でさえ、「あやしい空間」との接触を配慮する必要があるのではないだろうか。子ども世界にそういった場所が共存していることにより、自己中心性が強い子どもたちに謙虚さや畏敬《いけい》の念、懺悔《ざんげ》の気持ち、自然への感性などを抱かせることができるからだ。

## 5　視覚的景観と意味づけられた場所

人間の感覚領域の中で7割以上を占める視覚は印象を決定づける器官である。清潔で花が咲き誇る美しい公園、反対にゴミが散乱し雑然とし色彩の乏しい公園などは視覚による印象が大半を占める。加えて、その視覚的な印象を生み出す経験知が案外、視覚以外の感覚的な印象も下地になって形成される場合がある。公園の美しい花がどうして美しいかと感じる背景を探っていけば、花の匂いが心地よかったり、花びらの形が丸みを帯びて撫《な》でてみたくなるような曲線であったり、反対に公園に散乱する割れたガラスやゴミの形がとげとげしかったりと視覚と嗅覚、触覚などの感覚器官による経験知からくる印象がその背景にあったりする。

地理空間といった広域の空間の場合でも、例えば陸地が海に突き出した地形に名づけられた岬は「山＋甲」であり、山のかたわらにある「わき（脇）」を指す言葉の意味を持っている。また○○窪《くぼ》や○○峰といった凹凸の地形に命名された地名もある。山岳の形につけられた剣岳や鋸山《のこぎり》などはスカイラインそのものがとがっていていかにも険しい形を感覚的に感じさせてくれる。丸みを帯びた二つの丘が並んであれば女性の胸を連想させ、見上げれば突き出たように見える地形には○○

ガ鼻と命名されるように人間の体の部位からイメージされるボディスケープの視点もある。

このように地形が醸《かも》し出す景観や特色ある場所には、人間が感覚的に身近に感じやすい形を当てはめて命名した例が多い。感覚的な印象は、私たち人間の感覚から抱かれる経験知と密接な関係を持っており、場所という意味づけられた空間へのまなざしの根元をなしている場合がある。したがって場所に関する感覚的な印象を自覚的に理解し、言葉を当てはめることでより一層の場所への感情移入を強める方向に至るだろう。子どもの遊び空間の場合には、例えば子どもが空き家に対して「ボロ家」とか「クソ家」と蔑視した呼び名を当てはめがちになることや公園にある築山を「富士山」や「おっぱい山」と通称したり、樹木が切られて草地になっている丘に「はげ山」、角ばった敷地の公園に「三角公園」と命名したりするのも感覚的な印象から発せられた言葉である。筆者が出会った愛知県御津町《みとちょう》では、アニメ映画「となりのトトロ」に登場してくる林に見立てて、「トトロの道」と呼ばれている樹木に囲まれた通学路もあった。樹木がトンネル状に覆いかぶさり、薄暗い状況は、防犯上は好ましくないが、子どもの心性を育む上で大切な空間といえる。こういった場所を失いたくないものである。

## Ⅲ　おわりに

少子高齢化と人口減少という現代日本が置かれている状況は、子どもの成育環境にも大きな影響を与えている。都市部では、子どもの群れ遊びは久しく見られていないし、山間・離島部においては子どもの数自体が極端に減少しつつある。前世代があたり前に経験していた探検行動や秘密基地づくりは、多くの地域で見られなくなっている。子どもたちに、どのような生活時間を送れるようにしてあげるか、遊び仲間は何歳ぐらいに近隣でどの程度の数必要なのだろうか、など子育ての上での議論は絶えることがない。誰でも自分の幼い頃を懐かしみ、原風景を語ることができる。しかし、どうあるべきかを明確に論じることは容易ではない。本稿で指摘したことは、子どもは大人との関係性で育つということ、子ども時代では独特な通称地名や遊び空間が建設されることである。瀬戸市郊外で見つけた「ひみつ基地」の例を持ち出すまでもなく、大人社会と無関係には子ども世界は存在しない。大人によって秘密基地が壊されたり、基地内で遊ぶ内容も大人社会で流行っている遊びであったり、テレビやゲームで見たキャラクターが登場したりするからだ。もちろん、安全な遊び場や気の合う遊び仲間、ゆったりとした遊び時間の確保も必須の条件である。にもかかわらず、防犯上の心配から、昨今の母親が外遊びを極度に心配し、子どもを室内に囲い込みたがる傾向には懸《け》念が生じる。子どもの生活全体が管理され過ぎている。過干渉や過放任でなくフツーの子ども世界を実現させることこそ難しい時代になっているのかもしれない。

**参考文献**


Tuan, Y. F. (1974): Topophilia: A Study of Enviromental Perception. 小野有五・阿部一訳『トポフィリア―人間と環境―』せりか書房、１９９２年。

Lynch, K (1977): Growing up in Cities. MIT Press. K・リンチ編著北原理雄訳『青少年のための都市環境』鹿島出版社、１９８０年。

Golledge, R. G. (1978): Learning about urban environments. Caristein, T.. etal.eds.: Timing Space and Spacong Time, Vol. 1. Arnold, pp. 76~98.

Hart. R. (1979): Children's experience of place, Irivinton Publishers, Inc.

Matthews, M. H (1980): The mental maps of childrenimages of Coventry's city centre. *Geography*, 65. pp. 169-179.

ピアジェ（室賀純訳）『発生的認識論―科学的知識の発達心理学―』評論社、１９８１年。

仙田満『こどもの遊び環境』筑摩書房、１９８４年。

岩田慶治編著『子ども文化の原像』日本放送出版会、１９８５年。

杉山和明「社会空間としての夜の盛り場―富山市「駅前」地区を事例として―」、『人文地理』１９９９年第51巻4号、p. 68-81.

寺本潔著『子ども世界の地図―秘密基地・子ども道・お化け屋敷の織りなす空間―』黎明書房、１９８８年。

寺本潔・吉松久美子「手描き地図にみる子供の相貌的な環境知覚―日本とタイの山村の小学生の比較調査を事例と

して―」『地理学報告』１９８８年67号、p. 21～34.

寺本潔　ひみつ基地考『現代と保育』１９９７年41号。p. １２６～１３１.

寺本潔『子ども世界の原風景―こわい空間・楽しい空間・わくわくする空間―』黎明書房、１９９０年。

寺本潔『子どもの知覚環境―遊び・地図・原風景をめぐる研究―』地人書房、１９９４年。

寺本潔「子どもの知覚環境形成に関わる研究と教育の動向」『人文地理』２００３年第55巻第5号、p. 71～85.

住田正樹・南博文編『子どもたちの「居場所」と対人的世界の現在』九州大学出版会、２００３年。

寺本潔・大西宏治共著『子どもの初航海―遊び空間と探検行動の地理学―』古今書院、２００４年。

James C. SPILSBURY (2005): "We don't really get to go out in the front yard" ―Children's Home Range and Neighborhood Violence. *Children's Geographis*, Vol. 3, No. 1, pp. 79-99.

脇田佐知子「子どもの『ひみつ基地づくり』と遊び空間に関する地理学的研究」（愛知教育大学卒業研究）、２００６年。

大西宏治　子どもの地理学―その成果と課題―『人文地理』２００８年第52巻2号、p. 32‐62.

吉田和義『手描き地図分析から見た知覚環境の発達プロセス』風間書房、２０１８年。

# 第Ⅱ部　地理区：国民科地理の再評価

戦時中、ユニークな地理教科書が誕生したことがある。国民科地理という教科目の『初等科地理』（上・下）の2冊である。忠君愛国思想の注入だと批判される部分もあるが、再評価できる点も見出せる。先人が考えた地理教育論から学べるものは多い。

## Ⅰ　国民科地理の概略と『初等科地理』の性格

国民科地理の目的は、国民学校施行規則第六条によれば、「公民科地理ハ我が国土国勢及《オヨビ》諸外国ノ情勢ニ付《ツイ》テ其《ソ》ノ大要ヲ会得《えとく》セシメ国土愛護ノ精神ヲ養ヒ東亜世界ニ於《オ》ケル皇国ノ使命ヲ自覚セシムルモノトス」とあり、あくまでも国民科という教科の目的である東亜新秩序建設を主たる目的としなければならなかった。教材に関しては、「(1)初等科ニ於《オイ》テハ郷土ノ観察ヨリ始メ我が国土及び東亜ヲ中心トスル地理ノ大要ヲ授ケ、我ガ国土ヲ正シク認識セシムコト　(2)高等科ニ於テハ世界地理及我ガ国勢ノ大要ヲ授クルコト」と示してある。つまり、郷土(四年)、国土(五年)、大東亜(六年)、世界(高一)、国土(高二)に至る一貫性で行われ、同心円的拡大を主体としていながら、常に日本、大東亜を中心にすえ、最後に国土に戻る点からも国土愛、郷土愛を強調したものとなっていた。指導上の注意として次の5点を重視するように記されている。(1)自然ト生活トノ関係ヲ具体的ニ考察セシメ特ニ我ガ国民生活ノ特質ヲ明ナラシムルコト。(2)郷土の観察ハ国史、理数科等ト相俟《アイマ》チテ統一アル指導ヲナスコト。(3)簡易ナル見取図・模型ノ製作等適当ナル地理的作業ヲ課スルコト。(4)地図・模型・図表・標本・写真・絵画・映画等ヲ利用シテ具体的直観的ニ習得セシムルコト。(5)常ニ読図力ノ養成ニ力《ツト》メ遠足・旅行其ノ他適当ナル機会ニ之ガ実地指導ヲナスコト。

これらの項目は学習方法の点から見れば、決して遅れたものでなくその近代的な側面は高く評価できる。教科書『初等科地理』上・下巻の執筆に当たった松尾《まつお》俊郎《としろう》・尾崎《おざき》乕《とら》四郎《しろう》両氏の考え方を紐《ひも》解けば、松尾は国土の地理的特性が国体や国民性や国民的精神と一体的関係をもっていることを指摘し、日本人の自然観に触れ、古い神社の由来をそこに求めていた。尾崎は、「事実は事実として取り上げなくてはならない。それが歪曲されたのでは利用価値は少なく、また児童が大きくなったとき当然、化(ママ)の皮がはがれて逆効果を持ち」「模式的な気候と産物の比較等も大いに取り入れていわゆる地理的観方の練成をなすべきである」と当時の雑誌『地理学』誌上で述べている点は高く評価できる。以上のような執筆者自身の考え方が教科書にどのように具現化されたのだろうか。以下の分析を進めていきたい。

## Ⅱ 『初等科地理』（上）の分析

### 1 地域区分

教科書の目次に見られる章立てに注目すべき事柄がみとめられる。それは日本の地域区分の仕方である。1．日本の地理　2．本州・四国・九州　3．帝都のある関東平野　4．東京から神戸まで　5．神戸から下関まで　6．九州とその島々　7．北陸と山陰　8．中央の高地　9．東京から青森まで　10．北海道と樺太《からふと》　11．朝鮮《ちょうせん》と関東州《かんとうしゅう》　12．台湾《たいわん》と南洋群島《なんようぐんとう》　とに分けられた地域区分は、いわば等質地域的な観点に立った地理学的な地域区分であり、それまでの国定教科書である『尋常《じんじょう》小学地理書』に見られる地方別区分とは大きく異なっていた。さらにトピック的な記述も採用していた。トピック的記述については表Ⅱ－1に「小見出し」を整理した。特定の地域の特色ある産業や

表Ⅱ－1　『初等科地理』（上）の小見出しに見るトピック的記述の例

| 目　録 | 小見出し | 目　録 | 小見出し |
|---|---|---|---|
| 1.日本の地図 | 一 | | 立山連峯を望む富山平野 |
| 2.本州・四国・九州 | 一 | | 羽二重の山地 |
| 3.帝都のある関東平野 | 関東平野とまわりの山地 | | 船上山の大山 |
| | 東京とその付近 | 8.中央の高地 | 本州の尾根 |
| | 利根川 | | 名高い養蚕地 |
| 4.東京から神戸まで | 富士と箱根 | 9.東京から青森まで | 太平洋側 |
| | みかん山と茶畠 | | 日本海側 |
| | 濃尾平野と伊勢海 | | 馬とりんご |
| | 琵琶湖のほとり | 10.北海道と樺太 | 北海道の三大港 |
| | 京都と奈良 | | 豊かな水産 |
| | 大阪と神戸 | | 石狩平野と十勝平野 |
| | 黒潮洗う紀伊半島 | | 森林と牧場 |
| 5.神戸から下関まで | 瀬戸内海 | | 千島列島 |
| | 沿岸の工業 | | 樺太の入口 |
| | 中国の牛 | | 盛んなパルプ工業 |
| | 北四国 | 11.朝鮮と関東州 | 釜山から新義州まで |
| | 南四国 | | 南部と西部の平野 |
| 6.九州とその島々 | 工業の盛んな北九州 | | 鉱山と工業 |
| | 筑紫平野と熊本平野 | | 関東州 |
| | 阿蘇と霧島 | 12.台湾と南洋群島 | 台湾の西部平野 |
| | 神代をしのぶ南九州 | | 米と砂糖と茶 |
| | 琉球その他の島々 | | 高い山々 |
| 7.北陸と山陰 | 雪の北陸 | | 澎湖諸島 |
| | 米と石油の越後平野 | | 南洋群島 |

物産を範例《はんれい》として取り上げることを介して、その地域性をつかませようとする配慮が見られた。例えば「ミカン山と茶畠《ちゃばたけ》」（4章）、「中国の牛」（5章））、「工業の盛んな北九州」（6章）、「米と砂糖と茶」（12章）などがよい例である。さらに「と」という並立助詞の使用に伴う工夫も見られる。「関東平野とまわりの山地」（3章）、「東京とその附近」（3章）は中心と周囲の関係を、「京都と奈良」（4章）、「大阪と神戸」（4章）、「筑紫《つくし》平野と熊本平野」（6章）などは同質のものの組み合わせを「馬とりんご」（9章）は、東北地方における太平洋側と日本海側の対照性を把握《はあく》させようと意図している。松尾自身、共通性と特異性の見方の大切さを述べている。

ところで、松尾がこのような思い切った地域区分を採用した理由は何であったのだろうか。当時の地理学及び地理教育の動向を見てみると専門科学としての地理学の台頭が見られる時期であったことが分かる。特に地理学評論（昭和2年1月号）に発表された田中啓《たなかけい》爾《じ》による「日本の地理区」は地域区分に関して極めて注目された研究であったと思われる（図Ⅱ－1）。「日本を地理的単元によって区分して考察することは科学的地誌の研究に欠くべからざるものである。」と書き出して主張された田中の地理区論は、「地形区」と一致する場合が多いとしながらも、生産地帯・交通運輸・集落分布・人口密度等の人文的な要素も考慮《こうりょ》した総合的な見方に立った地理学的な地域区分であった。田中自身、国民科地理の発足にあたり「国民科地理は、この国土の地域に関し、位置・地勢・海洋・気候・産業（資源）・交通・都邑《とゆう》・人口等について分析的と同時に総合的に習得せしむべきである。」と地理区教授の必要性を述べていた。この地理区（等質地域）の考え方は、当時の地理教育界に大きな影響を与え、『初等科地理』上巻の地域区分に採用されたのではないだろうか。さらに、独創的な地域区分に加え、旅行記風の叙述形式を採ったことも等質的な区分を行い得た背景にある。「東京から神戸まで」（4章）の冒頭に「東海道本線を走る汽車の窓から、移りゆく景色を眺めて、その美しさを楽しむとともになほ産業・交通・都市などのやうす《（ママ）》についても、いろいろと学ぶことができるのです。」（p.38）とあり車窓観察風に記述されている。

第一圖

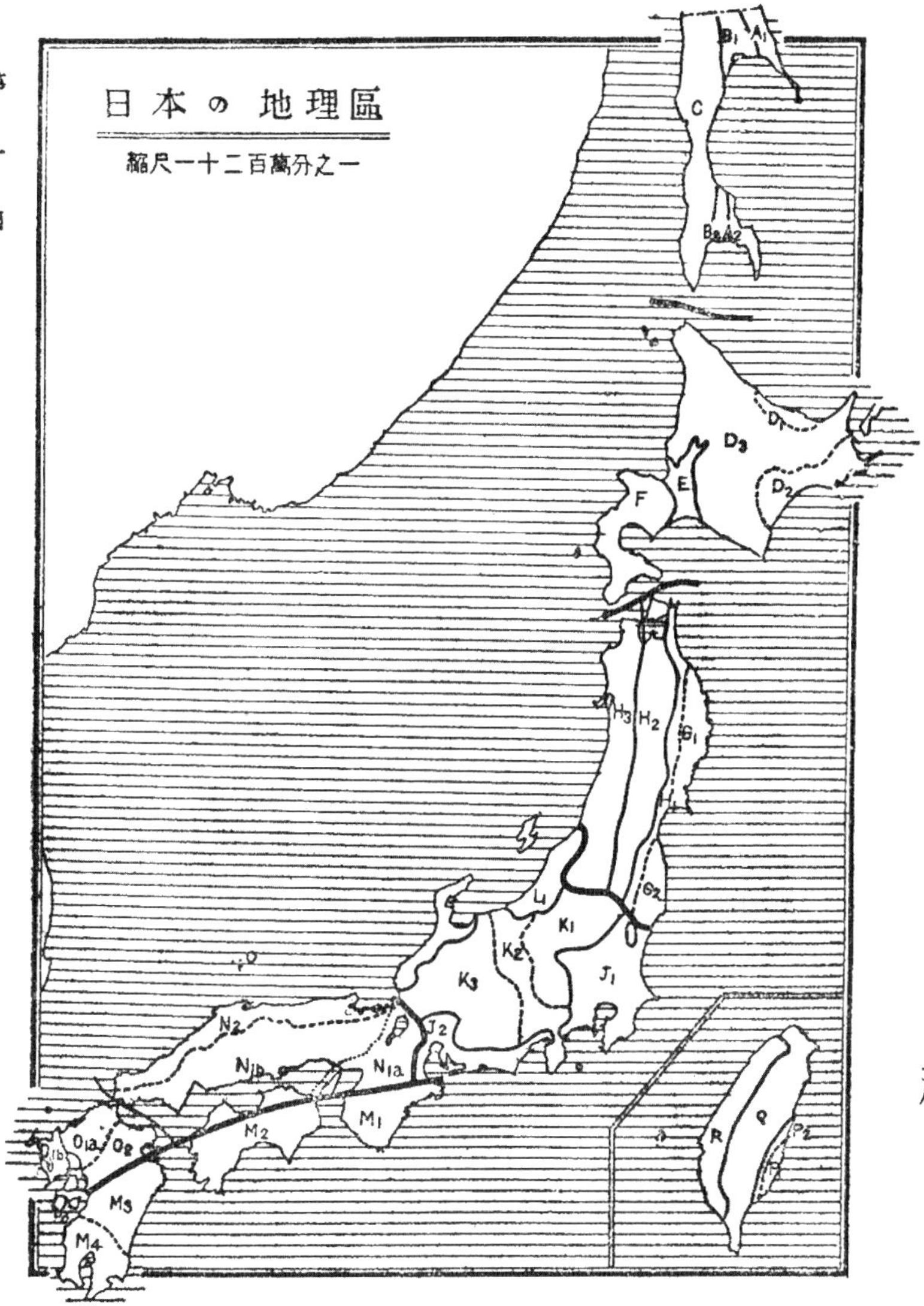


二八

図Ⅱ－1　田中啓爾の「日本の地理区」（田中啓爾（1927）より）

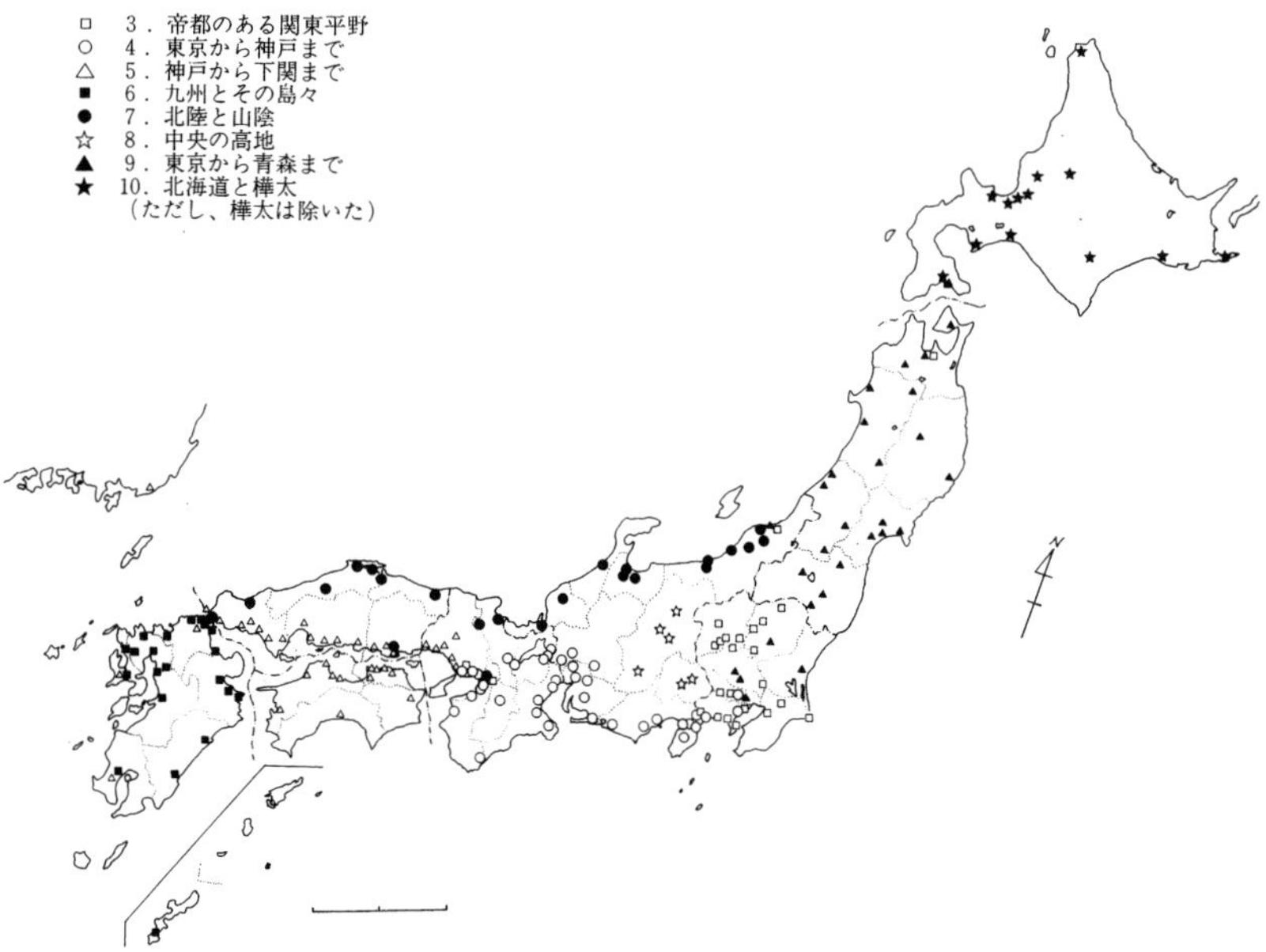


図Ⅱ－２　『初等科地理』（上）に出現する都市（筆者原図）

図Ⅱ－２は『初等科地理』上巻に出現する都市地名を筆者が全て拾い出して章ごとに分類し、白地図にプロットしたものである。当時の工業都市の発達状況を反映して太平洋岸の工業都市が数多く取り上げられていることが分かる。

## ２　文学的表現

第一に、読み易い「です・ます調」の文体に変わったことがあげられる。昭和13年版『尋常小学地理書』は「である・いる」の文体であったが、『初等科地理』に至って読み易い児童主体の表現に変化した。第二に、「ちょうど～のように」とか、「いわば、～といえる」といった比喩《ひゆ》表現が多く使用されている事実も注目される。

具体例をあげれば「朝鮮半島は、満州と地続きで、ちょうどわが本土と大陸との間にかけられた橋のように……」（p．3）とか、東京から放射状に鉄道沿線が延びていることを「ちょうど、くもの巣をはりめぐらしたようになっています。」（p．19）利根川《とねがわ》流域の支流や湖沼を「いわば利根川のひきつれる一族とも見なすことができます。」（p．33）東海工業地域について「二大工業地のちょうど中間に当たり（中略）いわば両方の工業地からさしのべられた手が、このへんでつなぎ合わされているといった感があります。」（p．45）静岡みかんを指して「色づいた鈴なりのみかんが、畠を黄色に彩って、いっそう美しく目にたちます。」（p．42）と述べてある部分などにあらわれている。

## 3　神社教材に見る感動的表現

『初等科地理』上巻には詳しく、感動的に神社が紹介されている。例えば「老樹高く茂る神路山《かみじやま》のふもと、水とこしへにすむ五十鈴川《いすずがわ》のほとりにある神域の神々しさは筆にもことばにもつくされません。」（p．50）「神武天皇の御陵《ごりょう》や橿原《かしはら》神宮を拝するときは、われわれは、二千六百余年の昔にたちかえって、御創業《おんそうぎょう》をさながらに仰ぎ、尊い御精神《ごせいしん》に打たれるのであります。」（p．57）「神戸駅の近くに菊水のかおりも高い湊川《みなとがわ》神社があって、とこしえに忠臣のいさを仰ぐのであります。」（p．62）

ところで、何故に神社や神宮が従来の地理教科書と比較して数多く取り上げられ、記述も詳細なのであろうか。その理由として次の2つが考えられる。1つは、当時の軍国主義の精神的支柱であった神道の重視という時代的・国家的要請があったということ、もう1つは、執筆者である松尾俊郎自身の純粋な学術研究対象の1つが神社であったことも指摘しておきたい。松尾は、戦前は集落研究、特に街道と集落の発達、交通地理を、戦後は地名研究を中心課題としていた地理学者である。『初等科地理』上巻執筆当時は文部省図書監修官であり、「神社の分布について」という論文を『地理学』第10巻2号（１９４２）に発表しており、その序文に「古い神社の位置や分布を調べることは、集落の発生、発達や交通路の変遷等を知る上に深い関係があるばかりでなく、土地の開拓、地名の由来（中略）その他種々の歴史地理的あるいは文化地理的問題を考究する上に、重要な意義をもつものである。」と述べている。このことからも自己の研究が執筆に影響を及ぼしたと考えられる。なお、従来の教科書と『初等科地理』上巻の比較を表Ⅱ-2に試みたので参照されたい。

表Ⅱ－2　従来の教科書と新しい『初等科地理』の比較

| 特色＼教科書 | 巻一のみ<br>尋常小学地理（昭和13年版） | 初等科地理・上（昭和18年版） |
|---|---|---|
| 文　体 | である，いる調 | です，ます調 |
| 表現　Ⅰ | — | 比喩（いわば～，ちょうど～） |
| 表現　Ⅱ | — | 昔は～，今は～ |
| 地域区分 | 地方別区分 | 等質地域区分 |
| 記述の仕方 | 項目（区域，地勢，気候，産業，交通・都邑）だての記述 | 地域別，トピック的記述 |
| 学習方法 | 教師指導型 | 児童中心，生活中心 |
| 神社教材 | 紹介のみ | 記述がより感動的で詳細 |
| 写真・図表 | 図表・写真は豊富 | 図表に乏しい |
| 地理教授 | 静的な地理 | 動的な地理 |

## Ⅲ　『初等科地理』（下）の分析

### 1　地域区分

目次によれば、1．大東亜　2．昭南島《しょうなんとう》とマライ半島　3．東インドの島々　4．フィリピンの島々　5．満州　6．蒙彊《もうきょう》　7．支那《しな》　8．インド支那　9．インドのインド洋　10．西アジアと中アジア　11．シベリア　12．太平洋とその島々というように上巻同様、12章で成り立っており、扱う範囲は大東亜の地理である。教授の順序に関しては、「満州・支那・外南洋・印度と東洋各地を巡り、西アジヤ《（ママ）》に及び、次いで北縁のシベリヤに戻り、中亜を経てシベリヤの延長としての欧露へ続くことが自然である。」と尾崎の著書『新東亜・世界地理教授』古今書院、p．14で述べているが、実際は1．大東亜の次に2．昭南島とマライ半島にいきなり飛び、東南アジアの島々を学習した後に満州に移っている。この差異は、おそらく昭和15年からの地政学流行の影響によるものと推察できる。当時の戦局と地政学的見地から昭南島やマライ半島の重要性は極めて大であった。尾崎が、学習の始めにこの地域を選んだことは、東亜における我が国の使命を児童に自覚させるために学習の糸口としたのではないか。

次に、下巻に出現する地名（自然的地名、人文的地名の別を問わず）を全て出現頻度を調べ表Ⅱ－3にまとめてみた。その結果、やはり出現上位の地名は満州を中心とした中国侵略にもとづく露骨な国策を反映した結果となっている。大東亜以外の外国地名についてもアメリカ、英国、ヨーロッパ、フランス、アフリカ等が割合多く使用されているが、これはその国の地誌についての記述に使用されるのでなく、そのほとんどが東アジアにおける日本との戦争に関係した時局教材の文中に出現するのみである。記述内容から考えてみれば、占領地の資源や産物を日本へ送り、日本からは内地人が外地に積極的に出てゆき、活躍している記述が多く、日本を中心において大東亜地域との機能的な繋《つな》がりを表現した内容となっている。また、ある地域内の記述についても上巻同様、トピック的な取り扱いをなしている（表Ⅱ－4）。

### 2　文学的表現

上巻同様に比喩的表現や簡潔な語句が用いられている。例えば、「あたかもみすまるの玉のようにつながり……。北へも南へも、西へも東へも、ぐんぐんのびて行く力にみちあふれた姿をしています。」（p．2）「昭南島を太平洋からインド洋へ出るのに通るのどのような場所」（p．10）「ハワイは、ちょうど太平洋の十字路に当たっています。」（p．131）「奉天《ほうてん》は、いわば満州の大阪にあたる。」（p．47）などが代表的な記述例である。

## Ⅳ　『初等科地理』（上）（下）の分析から見た国民科地理の特色

上、下巻を通して共通にねらいとしている点は、当時としては児童に分かり易い内容に徹しようと努力していることや、内容を精選し、トピック的、重点的に取り扱っているということである。松尾俊郎は「自然及び人文事象につき、適宜《てきぎ》、景観的に叙述することに

### 表Ⅱ－3　『初等科地理』（下）に５回以上出現する外国地名

| 外国の地名 | 出現回数 | | | | | | |
|---|---|---|---|---|---|---|---|
| | | ハワイ（諸島） | 11 | フランス | 7 | 南京 | 6 |
| 満洲 | 49 | 新京 | 11 | 地中海 | 7 | 青島 | 6 |
| インド | 44 | 朝鮮 | 11 | ニュージーランド | 7 | 北京 | 6 |
| 支那 | 40 | 天津 | 11 | 北満 | 7 | パプア | 6 |
| 太平洋 | 28 | 漢口 | 10 | 黒竜江 | 7 | 南満 | 6 |
| 英（国） | 24 | ジャワ | 10 | 西アジア | 7 | 蘭（オランダ） | 5 |
| マライ（半島） | 20 | 南支那 | 9 | シベリア | 6 | シドニー | 5 |
| 北支那 | 20 | 揚子江 | 9 | 東インドの島々 | 6 | 黄河 | 5 |
| 濠洲 | 19 | 蒙疆 | 9 | ジャカルタ | 6 | チベット | 5 |
| アジア（大陸） | 19 | マニラ | 9 | アンナン | 6 | 千島列島 | 5 |
| インドシナ（半島） | 17 | ヨーロッパ | 9 | 松花江 | 6 | 樺太 | 5 |
| インド洋 | 17 | フィリピン | 9 | セーロン島 | 6 | メコン川 | 5 |
| 米（アメリカ） | 16 | 中支那 | 8 | 中アジア | 6 | ボルネオ | 5 |
| ロシア | 15 | 上海 | 8 | スージー | 6 | 済南 | 5 |
| シンガポール（昭南島） | 15 | アリューシャン列島 | 8 | サモア | 6 | 山東半島 | 5 |
| ビルマ | 15 | スマトラ | 8 | アフリカ | 6 | 北洋 | 5 |
| 蒙古 | 14 | 台湾 | 7 | 大西洋 | 6 | アラビア半島 | 5 |
| タイ | 13 | シベリヤ鉄道 | 7 | ガンジス川 | 6 | | |

### 表Ⅱ－4　『初等科地理』（下）の小見出しによるトピック的記述の例

| 目録 | 小見出し | 目録 | 小見出し |
|---|---|---|---|
| 1.大東亜 | — | 8.インド支那 | 東部地方 |
| 2.昭南島とマライ半島 | マライの住民 | | 東部インド支那の米と石炭 |
| 3.東インドの島々 | 石油とゴムのスマトラ | | 東部インド支那の住民と町々 |
| | 人口の多いジャワ | | 中部地方 |
| | さとうきびとキナ | | タイの米・チーク・錫 |
| | 石油と森林のボルネオ | | タイの住民 |
| | セレベスとその他の島々 | | 西部地方 |
| | 未開の大島パプア | | ビルマの米と石油 |
| 4.フィリピンの島々 | さとうきび・コプラ・マニラ麻・銅 | | 支那への通路とビルマの住民 |
| | フィリピンの住民 | 9.インドとインド洋 | はげしい季節風 |
| 5.満洲 | 平原の国・大陸性の気候 | | 綿・ジュート・鉄 |
| | 大豆とこうりゃん | | 英国とインドの住民 |
| | 石炭と鉄 | | インド洋 |
| | 日満の連絡 | 10.西アジアと中アジア | 高原と暑い砂漠 |
| | 新京と奉天 | | 中アジアの草原 |
| | 満洲の住民とわが開拓民 | | 回教徒 |
| | 満洲国の生いたち | 11.シベリヤ | わが北洋漁業と北樺太の |
| 6.蒙疆 | — | | 石油・石炭 |
| 7.支那 | 北支那の自然と産物 | | 日・満・ロの国境 |
| | 北京・天津・青島 | | シベリア鉄道 |
| | 中支那の水運と産物 | 12.太平洋とその島々 | 霧のアリューシャン |
| | 上海・南京・漢口 | | ハワイとミッドウエー |
| | 亜熱帯の南支那 | | サモアとフィージー |
| | 外蒙古・新疆・チベット | | ニッケルの島ニューカレドニヤ |
| | 新生の香港 | | 羊毛と小麦の濠洲 |
| | 日本と支那 | | 二つの島ニュージーランド |
| | 支那の住民 | | 太平洋をめぐる地方と日本の将来 |

よって、児童をしてその地を彷彿《ほうふつ》せしめることに意を用いてあることも新教科書の一特色であります。即ち地理的事象を実感的に把握せしむることであります。」（『地理学』11巻6号、『初等科地理』上の編纂趣旨《へんさんしゅし》（放送要旨）p．33〜40）と考えを述べている。尾崎乕四郎も昭南島の重要性を認識させるために「児童全部を飛行機で運ぶことを想定し、且《かつ》具体的に日本との隔たりを感じさせることも興味深い取り扱いとなると考えるのであります。」（『地理学』同上p．40〜47）と述べ、児童の理解を助けようと工夫を施した状況が察せられる。当時の朝日新聞（昭和17年9月18日）記事によれば、「大東亜の地図を自分たちで塗りかえる地理―たのしい溌剌《はつらつ》とした教科書」を賞され、新鮮さをもって『初等科地理』が受け止められていた。内容については「従来のように箱につめこんだような教え方（中略）は一掃した、歴史的な縦の考察とともに童心にわかりやすい鉄道唱歌式な進行観察……まづ東京を出発して……という新しい学び方で行く。上巻（五年）は日本地理全部をこういう式で、しかも「何々です」という敬体口語で親しみ易く述べられている。」と報じられている。

戦後に誕生した社会科は児童の社会生活での経験に単元の基軸を据えて学んでいくのに対し、戦前・戦中に教授された『初等科地理』は様々な編集上の工夫が施され、当時としては進歩的な記述が実現できていた。それは突如として出現したのでなく、当時における地理学や地理教育の状況を反映した科学的地誌への指向の成果でもあった。この点の評価は忘れてはならないのではないだろうか。

**参考文献**


山本幸雄『地理教育史』大修館書店、１９５８年、p．78．

本木力「地理教育からみた戦争責任」『歴史地理教育』１５８、１９６９年、p．37-41．

本木力氏は地理における科学性と思想性の問題に触れ、戦後地理における戦争責任への自覚のなさを指摘している。

長坂端午「社会科と歴史、地理」『信濃教育会教育研究所紀要』１９５２年、第19集、p．１-22．

青野春水「国民科教育に関する一考察」『社会科研究16』、１９６７年、p．77-83．

班目文雄「わが国における地理教育の変遷」『地理、その教育』木内監修、朝倉・榊原・班目編著、葵書房、1967年、p．20－49．

田中耕三『作業地理教授の原理と実践』、古今書院、1978年、p．24．

安藤正紀『国民学校時代の学校地理（1）―「郷土の観察」を中心に、現代的意義を考える―『地理学報告49』、1979年、p．21－30．

座談会「国民学校の国民科教科書を語る―尾崎乕四郎先生をかこんで―」『社会科教育研究36』、1975年、p．1－12．

中川絋一「日本の地理教育の歩みと動向」、矢嶋・位野木・山鹿辺『現代地理教育講座』第Ⅱ巻「地理教育の動向と課題」古今書院、1975年、p．153－156．

# 第Ⅲ部　修学旅行史：浅井治平による旧制中学校における修学旅行指導

本章のねらいは、近代地理教育史における修学旅行指導の足跡を浅《あさ》井《い》治《じ》平《へい》（１８９１－１９７４）という一人の地理教師による実践を通して描きだすことで教育方法的な検討を行うことである。戦前、旧制の第一東京市立中学校（現・千代田区立九段中等教育学校）においては、極めて熱心に修学旅行指導に取り組んでいたことが、教え子の回顧録や校友会誌から伺うことができる。

## I　浅井治平について

### 1　略歴

ここでは、教え子の一人である山鹿誠次《やまがせいじ》（地理学者、元東京学芸大学教授）氏により「浅井治平先生の逝去を悼む」という紙碑《しひ》が掲載された『地理学評論』第48巻第2号、p．148～150と古稀《こき》を記念にして昭和38年にまとめられた『日本と世界―一つの窓から―』（帝国書院）という書籍の中に浅井自身が書き綴った「若き日の思い出と感謝」及びご子息の浅井辰郎《たつろう》氏よりの聞き取りによる資料を手がかりに略歴を記述してみたい。

浅井治平は、明治24年4月、静岡県金谷《かなや》町田町の小雑貨商の家に長男として生まれ、同38年に金谷尋常《じんじょう》高等小学校を卒業し、代用教員を務めた後、同41年4月に静岡師範《しはん》学校本科第一部に入学。45年3月に卒業し出身校である尋常高等小学校の訓導《くんどう》となり、教育者としての人生を歩み始める。大正2年に結婚後、篤学《とくがく》力行の結果、大正3年4月に東京高等師範学校本科地理歴史科に入学し、三宅米吉《みやけよねきち》や山崎直方《やまざきなおまさ》、大関久五郎《おおぜききゅうごろう》などから日本史や地理学を学ぶ。東京高等師範学校への入学は後の浅井の人生にも大きな影響を及ぼし、地理学の専門的知識と野外における地理フィールドワークの経験を大いに蓄積することとなる。大正7年3月に高等師範を卒業し一旦、福岡師範学校教諭兼訓導を務めるが、9年には再び東京に戻り、東京府立第五中学校教諭を務める。大正10年4月には山崎直方の勧めに応じて東京帝国大学理学部地理学科に入学し、辻村太郎《つじむらたろう》の教化も受け、このときに地形学の専門的知識を得た。大正14年発行の『地理学評論』第1巻第6号に発表した「多摩丘陵《きゅうりょう》の地形」は大学時代からの研究成果である。しかし、浅井が研究者というよりも教育者としての道を選んだのは、東京帝国大学を卒業し大正13年4月より昭和17年3月まで務めた第一東京市立中学校（以後、市立一中と略記）こそが、浅井自身の教育実践歴の上で最も充実した時期となったと言える。戦中から戦後にかけて東京府立第十中学校長兼玉泉《ぎょくせん》中学校長や帝国書院嘱託《しょくたく》、日本交通公社嘱託などを歴任し、昭和32年4月から39年3月まで東洋大学教授を務め、その間に大井川《おおいがわ》流域の交通路の変遷《へんせん》をまとめ文学博士の学位を受けている。昭和49年10月9日に老衰のため83年余りの生涯を閉じている。

## 2　仕事

浅井治平が残した仕事の内で修学旅行指導の系統化は個性的な取り組みとして取り上げる価値が高い。後述するように事前、事中、事後の修学旅行指導の経験は浅井自身の地理教育論の真髄が基礎となっており、教え子（旧制の中学生）への様々な薫陶《くんとう》を授けたことは特筆に値する。戦後、自らの修学旅行指導の経験を踏まえ、『修学旅行の在り方と指導法』古今書院、昭和27年発行という著書がまとめられている。

## 3　市立一中における修学旅行

市立一中における修学旅行は、当校の教育活動全般の中でも重要な位置を占めていた。なぜなら、第1学年より第5学年に至るすべての学年において実施され、しかも指導の内容が生徒の発達段階に応じた配列をなしていたからである。具体的には、1年生が箱根・伊豆・熱海付近（1泊）、2年生が日光・中禅寺湖・足尾・榛名山《はるな》（2泊）、3年生が京阪旅行（5泊）、4年生が磐越・若松・越後油田・善光寺・岡谷製糸工場・鳥居峠越えを含む木曽路・恵那峡《えなきょう》・名古屋・蒲郡《がまごおり》・静岡（5～6泊）、そして5年生が仙台・平泉・函館・札幌・旭川・苫小牧《とまこまい》・室蘭・洞爺湖《とうやこ》・秋田油田・庄内地方（9泊）という長期間にわたる旅程が組まれていた。春秋に分けて実施され、浅井自身がすべての旅行の引率ができるように配慮されていた。修学旅行の内容は、上記の旅程からも推察できるように自然（特に地形・地質）、産業（工業・鉱業）、交通、農林水産業、民俗に至るまで及び、自然、人文、社会の各事象の見学を積極的に盛り込む計画が立てられていた。実際の実施概要を知るために、昭和5年に行われた第5学年の修学旅行記録を以下に紹介してみたい（資料は第一東京市立中学校校友会編『会報』第24号、p. 23～26掲載の記録より抜粋。執筆者は不明）。

## Ⅱ　第5学年修学旅行記録

5月27日

午後10時上野駅集合。小雨しめり、気持ちいい涼しさだ。10時52分、多数の父兄卒業生に見送られて、愈々《いよいよ》決心と期待と希望とをのせて我々の汽車は出発す。

5月28日

新庄にて朝食。御茶の好意あり。山形にて卒業生の歓迎あり。午後4時21分、秋田駅着。ABD組は関根屋旅館、C組は木村屋に荷物を置き、予定を変更し、駅助役と旅館営業掛（ママ）の人々の案内で秋田県物産陳列館を見学し、城址《じょうし》の千秋《せんしゅう》公園に赴く。眺望よき所にて、助役殿の秋田市に就いての御講話、浅井先生の附近の地形に就いてのご説明ありて、各旅館に帰着。8時半より関根屋旅館にて復習、予習をなし10時就寝。

5月29日

曇り後晴。6時起床、7時朝食、7時半出発。旭川油田を見学。諸設備を見学し、駅に集合。10時3分秋田駅出発。弘前《ひろさき》にて小宅先生歓迎せられ、青森まで一緒に来られた。3時40分青森着。直ちに市中見学。善《う》知《と》鳥神社にて浅井先生の御説明があった。4時半駅に帰る。4時45分松前丸《まつまえまる》乗船。5時出帆《しゅっぱん》。ボートデッキにて京田事務長の説明あって後、船中見学。10時函館着。濃霧にけぶる函館市中を見学。多くの店は早戸を閉ざし、淋しい街路を歩いて駅に帰る。11時25分発車。

5月30日

朝、眠りから覚めると既《すで》に汽車は朝日に映えた美しい白樺の林の中を通って居る。連山は紫色に霞み、我々は初めて雄大な、伸び伸びとした北海道の大自然に接した。蝦夷《えぞ》富士を眺めている中に倶知安《くっちゃん》に着。ここにて朝食をとる。8時52分小樽《おたる》着。古代文化と港の高架桟橋を見学。12時18分札幌着。直ちに乗合自動車に分乗し、月寒《つきさっぷ》（つきさむ）牧羊場に赴く。広々とした美しい青草の牧場にて一時休憩。牧場の方の説明を伺って、牧舎を見学した。時間の関係上、名残惜しい思ひで羊に別れをつげ、再び自動車に乗って札幌神社に赴く。境内にて浅井先生の此神社に対して我が国民性と開拓精神についての御講話があってから、各自にて拓殖館《たくしょくかん》を見学。

山形屋に帰着。夕食後、自由時間を許され、8時より復習。9時半に就寝。

5月31日

午前6時起床。7時半山形屋を出て、北海道帝国大学に行き、事務官の案内でクラークの胸像や校内を参観。美しい花畑や素敵なポプラの並木に驚異の眼を見張る。第二牧場にて休憩。絞り立ての牛乳を御馳走になった。9時に大学を出て植物園に到る。標本館を見学し、館前の青草の上にて記念撮影をなし、時間に迫られ山形屋に急行。荷物を受け取り、10時20分札幌駅発。車窓の左右に大原野を眺め、汽車は11時34分岩見沢駅着。乗換。午後12時5分岩見沢発。2時16分苫小牧着。王子製糸会社を見学。懇切、明瞭な説明があって大工場を参観。駅で浅井先生の復習、整理の命があった。5時37分苫小牧発。白老《しらおい》にてアイヌ民族の集落を見る。午後6時52分、登別《のぼりべつ》も。三台の小型電車にて峻坂《しゅんぱん》を徐行し7時温泉着。既に日暮れ四辺暗し、第一龍本館投宿。直ちに食事。温泉入浴、今晩は外出禁止さる。10時半頃。一同就寝。

6月1日

午前6時起床。6時半朝食、後随意に地獄谷《じごくだに》を見学。熱気濛々《もうもう》として溢《あふ》れ、実に偉観。濛気を背景に記念写真を撮影し、温泉を出発。9時、一同登別に到着。9時7分、登別発。9時40分東輪西《ひがしわにし》にて乗換。10時8分室蘭着。日曜の為、製鋼所見学不能。予定を変更して八幡《はちまん》神社を参拝。浅井先生の説明の後、市街一巡。午後12時25分発。2時30分、虻田《あぶた》着。2台の電車に分乗して洞爺《とうや》湖着。道無き急坂を登り、新山（※有珠山の誤記と思われる。筆者注）の頂上にて湖を眺望。スケッチす。浅井先生の説明後、三々五々下山。洞爺湖を発して虻田駅5時52分発。数多い長いトンネルを過ぎ、車内にて夕食。午後10時13分大沼着。深夜の町を第一紅葉館に到り大きな小宴会場に3組が押し込められる。11時一同就寝。宿屋の不誠意、虐待に一同不平満々。

6月2日

小雨。午前6時起床。8時まで自由時間を。或いは湖上にボートを浮かべ、或いは湖畔に雨にけぶる大沼の勝景をスケッチす。8時朝食。湖上舟覧の予定を変更し、9時まで自由行動。9時33分大沼発。10時33分函館《はこだて》着。雨強くなり寒気加わる。函館桟橋助役の案内にて五稜郭《ごりょうかく》に行く。大門前より2台の電車に分乗し五稜郭遠隔に就き助役殿の説明あり。12時50分駅に帰り昼食。午後、再び市中見学。函館公園にて助役殿の説明あり。4時半市内の見学を終へ再び連絡船松前丸に乗船。5時半出帆、愈々北海道と別れる。皆、名残おしげに次第に遠ざかる夕闇の北海道を眺む。波高く動揺烈しき為上甲板に逃れる者多し。10時青森着。11時35分発。眠る我々を載せた列車は、陸奥の闇を驀進《ばくしん》す。

6月3日以降の記録は要約する。

平泉⇒金色堂《こんじきどう》⇒塩釜⇒松島。6月4日青葉城見学後、上野駅行きに乗車。水戸にて夕食。午後9時1分上野着。多数の方の迎えあり。浅井先生は「此の長期に亘《わた》る旅行に於《お》いて一人の病人も出さず、最後まで5年生として立派な旅行が出来たのは愉快である。」と御満足の意を述べられ、万歳を三唱して解散。記念すべき思い出深い旅行を終えた。

記録を通読して分かるように今日ほど交通の便が良くない当時において、東京から北海道までの往復をかなりハードなスケジュールで旅行を実施していたことが判明する。行き先では必ずといってよいくらい浅井による講話や現地の解説者による説明の機会が設けられていて浅井の下準備が周到であったことが伺われる。天候の状況を見て臨機応変に見学先を変えたり、生徒たちの疲れを感じたのか、自由時間を後半長めにとったりするなど浅井の柔軟性も見えてくる。文字通りの「修学」ための旅行であり、今日一部の学校で行われているような旅行業者が立案したプランに依存したものでないことが分かってくる。

# Ⅲ　指導の具体的内容

## 1　事前指導

浅井が主導する修学旅行では事前の学習指導は徹底したものであった。各学年の生徒に事前に『旅行指針』（資料Ⅲ－1参照）という小冊子と5万分の1縮尺の地形図が配られ、『指針』の中に記載されている見学の要項を手がかりに4～5名の班別学習を行わせたり、地形図の着色作業を課したりするなど、熱心な指導がなされていた。班別学習にはあらかじめ各班で一つの研究テーマが与えられ、テーマに沿って文献資料調べが課せられていた。生徒たちは中学校の図書室だけでなく、九段下の大橋図書館や日比谷図書館、ときには上野図書館までも出かけていき、『大日本地誌』や『日本地理風俗体系』などの地誌書や生物、歴史、文学関係の図書に至るまで幅広く閲覧して調べ学習を行っていたという。さらに、それらの事前の研究成果は、講堂においてクラス毎に発表され、様々なテーマの研究発表が生徒同志の共通の知識となるように工夫されていた。

## 2　実地指導

修学旅行中の実際の指導状況は、小隊編成（1小隊5班、約25名程度）で行われていた。団体行動の秩序を守るため、常に整列点呼を怠らず、また生徒による行動中も隊列を組んで行うように促されていた。服装は、制服制帽、巻脚絆《まききゃはん》《ゲートル》、リュックサック（両手が使えるため）、水筒、こうもり傘スタイルの、いわば兵隊風の出立ちであった（末尾の写真資料参照）。旅行中、スケッチブックや『指針』の余白にしばしば景観スケッチを指導されたという。徒歩行進中の指導については、浅井自身、『修学旅行のあり方と指導法』の中で次のように述べているので引用してみたい。「野外で生徒の注意の散漫になった所で、２００人もの生徒に徹底させる事は中々の難事である。先頭に立つ指導係は出来れば2人位とし、注意すべき事象にぶつかった時には行進を止めて、始めの１００人位にわかる様に指示解説し、他の指導係は更にこれに附加説明しておいて、後尾の百人位に今一度指示解説するようにしたならば隊列をくずさず、時間も余りかけないで途中を観察することが出来る。（中略）写生を必要とする場所に到着した時には、休憩時間を予告して、その時間内に、どこからどこ迄を写生すべきか、主眼点はどこどこであるかを明示し、時間が少ないので山の形、建物の輪郭等を主として、あとは眼底に記憶しておいて昼食の大休憩や、旅館又は帰宅してから完成するように話して写生させる。（中略）この指導係はクリノメーター又は磁石をもっていて、名前のわからぬ山頂等は一時その方向だけを指示してその山頂部に記録させ、出来ればその場で地図と対照してその名称を教えてやる事が望ましい。こんな必要から教師は生徒には持たせない二十万（分の一縮尺）の地図も用意していて、地図と方位とを合致させて、不明の山岳も方位によって地図上に発見出来る事を学ばせれば誠に好都合である。」（p.82〜83）

このほかにも、列車で移動中などにも車窓観察を徹底させたらしく、極めてユニークな「伝令当番」という係を設けていた。これは、浅井自身が各車両に出向いて生徒に解説することが不可能なために考え出された工夫で、級長やあるいは希望者を生徒の中から募り、浅井の説明や観察のポイントを各車両の生徒たちに随意伝達させる役目を持った者たちである。徒歩中の指導といい、列車車内での指導といい、常に景観から事象の成り立ちや存在の意味を把握させようと心がけた浅井治平の地理学観が表出した指導法と言えよう。

### 3　事後指導

旅行が終了すると生徒はそれぞれ自分の選んだ研究課題について『研究報告』を作成し、提出する。また、このほかに旅行全体に至る『旅行日誌』も課せられ、生徒たちの旅行後の宿題に要する負担は、事前学習も合わせて2カ月にも及ぶ期間と労力を要するものであった。『研究報告』のテーマには、例えば「岡谷付近の製糸業」とか「上代の皇居と奈良盆地」などが選ばれ、旅行先のあるテーマに絞って作成された。『旅行日記』は各生徒ごとでかなり作成の要領が異なっていたが、旅行先で入手した資料や写した写真、地図なども添えた大部のものになり、原稿用紙で50枚を超える例もあったという。なお、『研究報告』や『旅行日記』の中で特に優秀な作品は、校友会の『会報』に掲載されるようにすすめられ、同窓生や他の学年の生徒のほか保護者にも広く読まれたようである。資料Ⅲ－２にその代表例を掲げておきたい。

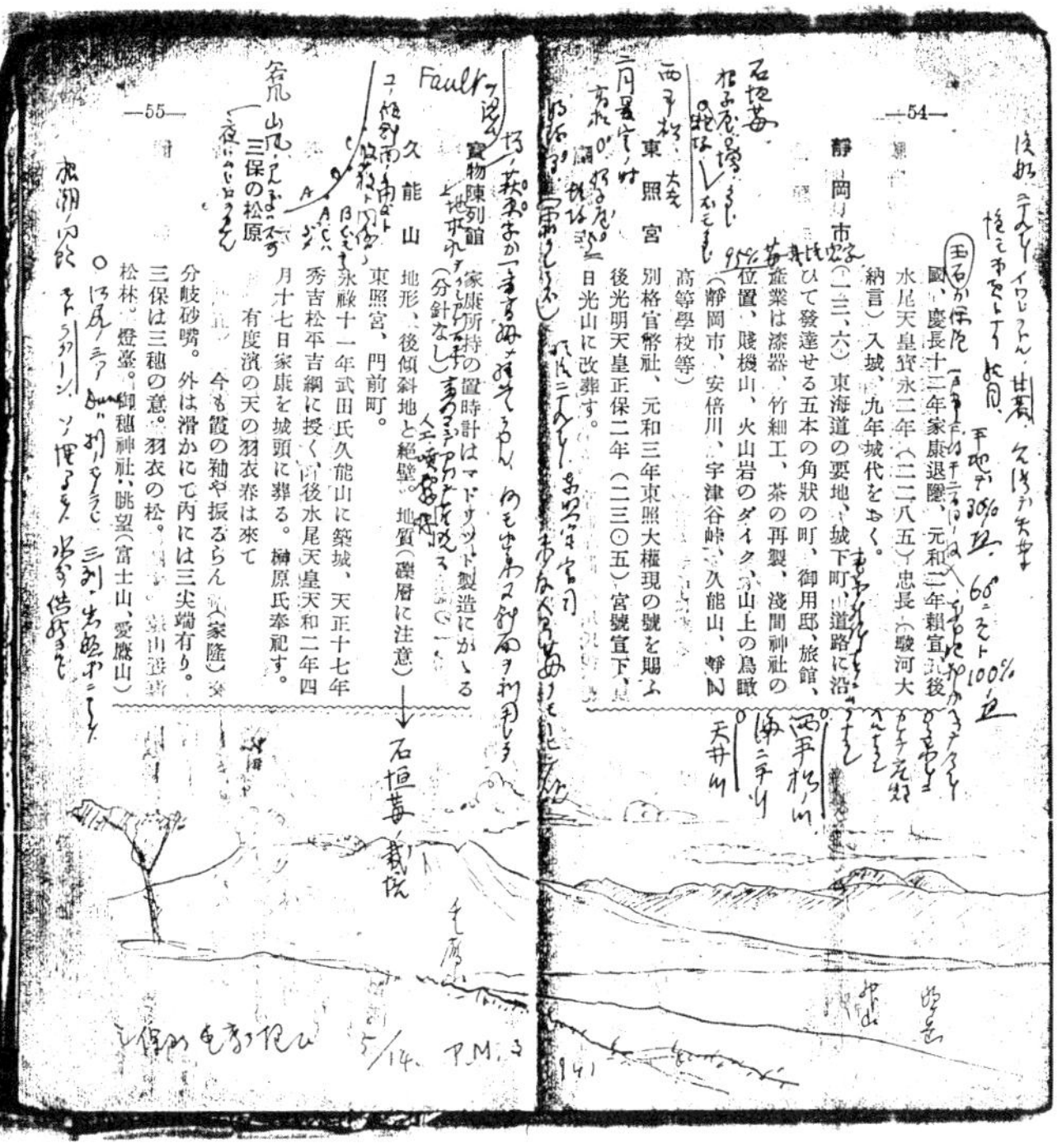
—54—

静岡市

國、慶長十二年家康退隱、元和二年頼宣、後水尾天皇寛永二年（二二八五）忠長（駿河大納言）入城、九年城代をおく。

静岡市（一三、六）東海道の要地、城下町、道路に沿ひて發達せる五本の角狀の町、御用邸、旅館、産業は漆器、竹細工、茶の再製、淺間神社の位置、賤機山、火山岩のダイク、山上の鳥瞰（靜岡市、安倍川、宇津谷峠、久能山、靜岡高等學校等）

東照宮　別格官幣社、元和三年東照大權現の號を賜ふ後光明天皇正保二年（二三〇五）宮號宣下、日光山に改葬す。

—55—

寶物陳列館　家康所持の置時計はマドリッド製造にかゝる（分針なし）

久能山　地形、後傾斜地と絶壁。地質（礫層に注意）東照宮、門前町。

永祿十一年武田氏久能山に築城、天正十七年秀吉松平吉綱に授く、後水尾天皇天和二年四月十七日家康を城頭に葬る。榊原氏奉祀す。

三保の松原

有度濱の天の羽衣春は來て　今も霞の袖や振るらん（家隆）

分岐砂嘴。外は滑かにて内には三尖端有り。三保は三穂の意。羽衣の松。松林。燈臺。御穗神社。眺望（富士山、愛鷹山）

資料Ⅲ－１　『第四学年　修学旅行指針』の内容

（『指針』は縦18×横10cmのサイズの小冊子で、「調査すべき題目」、「補充問題」、「観察すべき事項」などが旅行順に記載されている。生徒たちは事前に熟読し、旅行中にもスケッチやメモを欠かさなかった。いわば地理巡検スタイルの修学旅行であった。）なお、この『指針』への記入は、浅井治平の手による。

以上のように、浅井が指導した修学旅行は、事前・実地・事後という一連の指導の流れを通して、修学旅行を単なる物見遊山《ものみゆさん》の旅行とするのでなく、明確な課

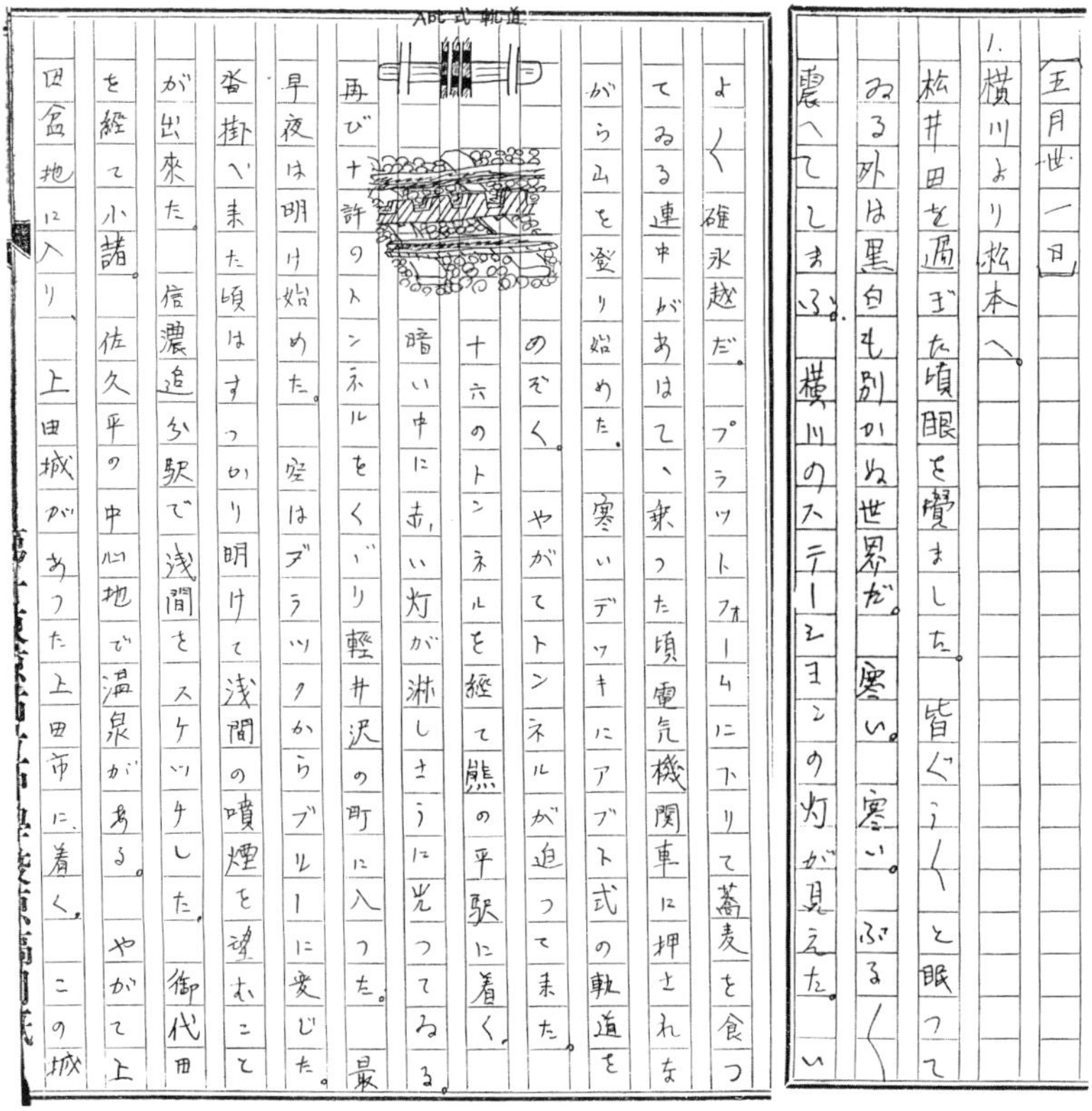

Abt式軌道

五月廿一日

1.横川より松本へ

松井田を過ぎた頃眼を覚ました。皆ぐっくと眠つてゐる外は黒白も別かぬ世界だ。寒い。寒い。ぶるぶる震へてしまふ。横川のステーションの灯が見えた。いよ〳〵碓氷越だ。プラットフォームに下りて蕎麦を食つてゐる連中があはて、乗つた頃電気機関車に押されながら山を登り始めた。寒いデッキにアプト式の軌道をのぞく。やがてトンネルが迫つて来た。十六のトンネルを経て熊の平駅に着く。暗い中に赤い灯が淋しさうに光つてゐる。再び十許のトンネルをくゞり軽井沢の町に入つた。最早夜は明け始めた。空はブラックからブルーに変じた。沓掛へ来た頃はすっかり明けて浅間の噴煙を望むことが出來た。信濃追分駅で浅間をスケッチした。御代田を経て小諸。佐久平の中心地で温泉がある。やがて上田盆地に入り、上田城があつた上田市に着く。この城

資料Ⅲ－2　榎本忠雄（昭和９年卒）氏による『第４学年修学旅行日誌』の一頁

題意識を持って取り組ませる探究的な学習機会であったことが分かってくる。今日、高等学校に設置される「総合的な探究の時間」をいかに充実させることができるかが問われている。地理教師を軸に新しい教育旅行の姿を再考できるチャンスが迫っている。

## Ⅳ　浅井治平の修学旅行指導論の成果とその系譜

事前・実地・事後の修学旅行指導をこのような形で確立していった浅井治平の地理教育論は、優れた教え子を数多く生み出したことにも繋がっていく。家永三《いえながさぶ》郎《ろう》や室賀信夫《むろがのぶお》、辻村初来（辻村太郎の子息）、山鹿誠次、池田弥三郎《いけだやさぶろう》、守屋紀美雄《もりやきみお》、飯塚浩二《いいづかこうじ》、戸谷洋《とやひろし》など歴史学や地理学の著名な学者だけでなく、広く実業界にも優れた教え子を数多く送り出している。若き頃の集団的旅行の経験はかくも大きな影響を生徒たちに与えるのかと驚きを隠せない。修学旅行の思い出を次の二氏の記述を紹介しながら、浅井による指導の効果を示してみたい。

「修学旅行のやり方なども、中学校としては実に高度なものであった。今のように貸切のバスに乗って、旅行業者まかせで有名な場所だけをまわったり、あるいはレジャー半分の旅行というものではなかった。まず第一に地理・歴史の先生の創られた手引書が配布され、各生徒に旅行地の特定の場所に対する研究課題が与えられ、出発前に生徒自身の発表会が行われ、旅行中いつも地図を手にして行く先々の歴史・地理をこくめいに観察させ、帰って来てからも、精密な報告書を提出することが義務づけられた。このような修学旅行のやり方は、今では大学生でさえなかなか実行できそうもないほどの高度なものである。」（家永三郎著『一歴史学者の歩み』新版、三省堂、1977年、p. 34～35）

「旅行をすることによって、さまざまなことを知ったり覚えたり考えたりすることを、われわれに教えてくださったのは、実は浅井治平先生であった。先生の地理の授業は、実に精彩を放っていたものであった。修学旅行は、文字通りの修学旅行であって、物見遊山やバス旅行などとは、始めから意気込みが違っていた。従って収獲も多かった。このころの受験勉強の成果はすっかり忘れ果てても、浅井地理教室の、旅に出ての観察の興味だけは、われわれ同窓の多くが貴重な財産として全身につけている。」（池田弥三郎・浅井治平先生古稀記念会編『日本と世界―一つの窓から―』帝国書院、1963年、「まえがき」より）

このように浅井の修学旅行指導は、教え子たちに地理学や歴史学のものの見方や考え方を実地を通して教授したものであった。野外における教授は、当時の市立一中の教育方針にも合致していたようで、臨海施設「至大荘」（千葉県守谷の海岸に昭和2年に建設された臨海教育施設）においても約20日間もの夏季臨海実習（水泳、博物、英語、数学、地理、漢文など学科も含む）も合わせて行われていた。

ところで、浅井による探究的な修学旅行指導は単に浅井自身のオリジナルな発想と工夫によるものではなかった。浅井自身の履歴から推察すれば、東京高等師範学校における地理学の習得の影響がその背景として十分に考えられる。例えば、実地でいくつかの班に分かれて指導する方法や景観スケッチを重視する姿勢などは、在学当時に修学旅行指導を強く推賞していた斎藤《さいとう》斐章《ひしょう》と大関久五郎からの感化を受けた可能性が高い。昭和12年に発行された『斎藤斐章先生古稀祝賀会記念誌』の「斎藤斐章先生傳《でん》」の中に次のような記述が見られる。「先生はまた附属中学校にありて修学旅行案を系統的に作成して之を指導せり。修学旅行は地理・歴史・博物等の諸学科に関し、これを実地に見学・観察せしむる上に頗《すこぶ》る有意義なるものなるは論を俟《ま》たざる所なれども、多くの学校に於いては物見遊山的に之を行ひ、系統を立てて研究的に実施せる所殆どなし。先生は同教諭稲葉彦六《いなばひころく》、大関久五郎氏と共に旅行地を実際に踏査して、第一学年より第五学年までの旅行案を系統的に作成し、且『修学指導要録』を編して生徒研究の栞《しおり》とし、到る所に説明・指導見学・実施観察等をなさしめ、之を生徒に『報告』として提出せしめたり。けだし我が国に於ける系統的修学旅行案の最初といふべく、また研究的指導法の嚆矢《こうし》ともいふを得べし。」。野外地理教授論や校外学習論の系譜を論じる上で、この点には興味深いものがある。さらに、この系譜は東京高等師範学校附属中学校が戦後、東京教育大学附属中学校へと変遷していく間で、田中啓爾《たなかけいじ》から山本幸雄《やまもとゆきお》、そして中川浩一《なかがわこういち》へと受け継がれていくことも指摘しておきたい。

　浅井による修学旅行指導を振り返ることは、近年質的な改善が迫られている修学旅行の実施形態を見直す上での有益な視点を与えてくれる。とりわけ、多様化とレジャー化に一部の中高等学校の修学旅行が傾き、安易に生徒たちに楽しい思い出づくりだけ残していく行事のあり方には再考の余地があろう。海外へ行くにせよ、伝統的に国内の文化財巡りに終始するにせよ、生徒自身による事前の課題意識の磨きと調べ学習、実地での観察力の伸長と団体行動のマナー獲得、事後のまとめ方など一連の経験知を習得させることは浅井治平の指導方法から学ぶものが多いのではないだろうか。

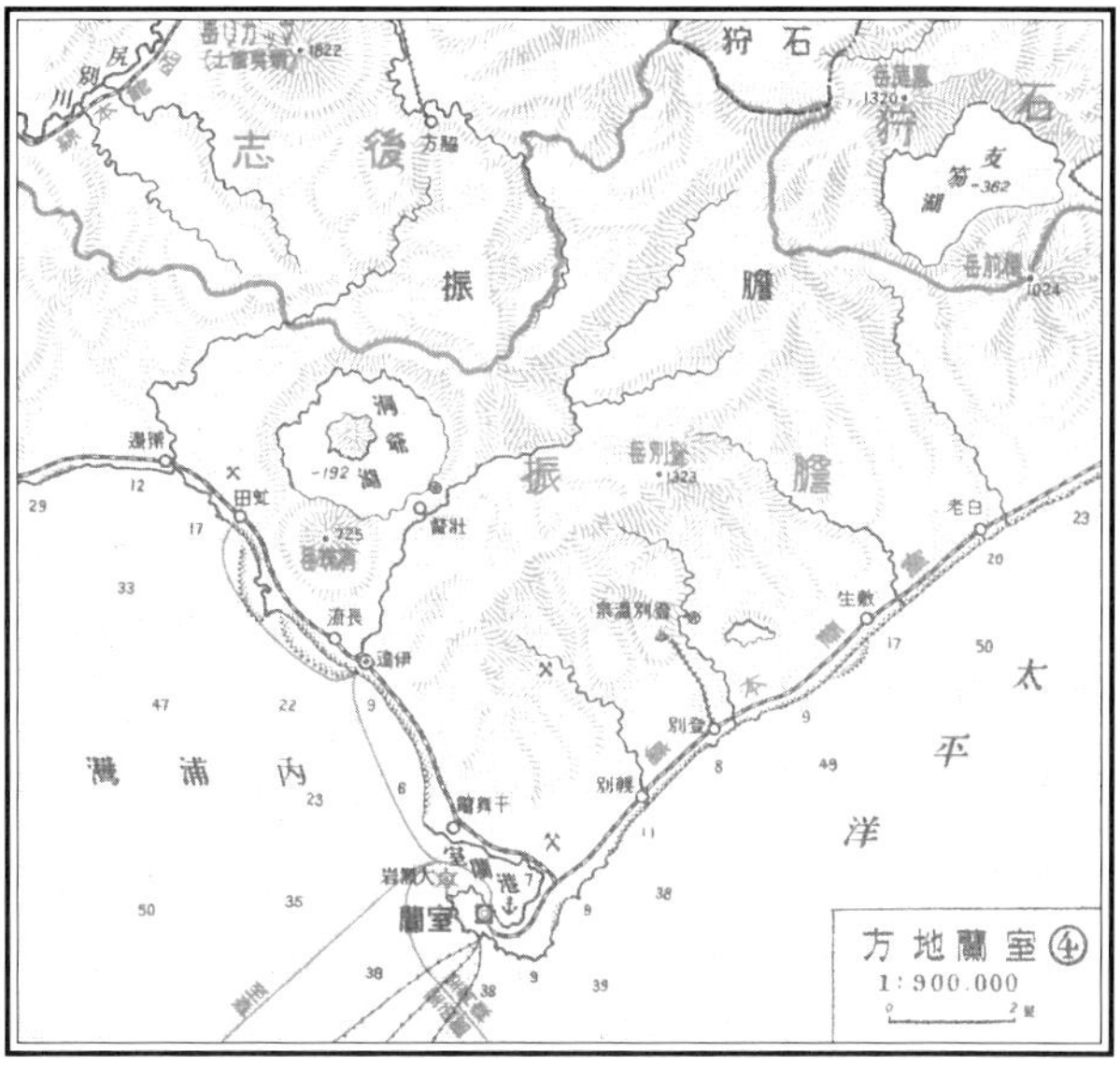


資料Ⅲ－３
等高線に直角に楔形の“ケバ”を描く方式で地形の起伏を表現した当時の地形図。室蘭本線で札幌から南下し、製鉄所の煙も車窓から見つつ、有珠岳のふもとの蛇田駅に降りたった生徒たちの様子が想像できる。目の前に円錐形でそびえたつ有珠岳を見上げたことだろう。改版「帝國精圖」(帝国書院、昭和４年)より抜粋。

写真Ⅲ－１　本館校舎 3 階にあった地理教室。地図掛や幻燈機、格子形に木を組んで作った衝立に写真が張ってあるなど、備品や教室環境に工夫の跡がうかがわれる。

写真Ⅲ－２　徒歩行進の際の点呼。整列している姿がうかがわれる（第 1 学年の修学旅行）。

写真Ⅲ－３　景観スケッチを熱心に行っている様子。主に地形や集落の様子をスケッチさせていた。

写真Ⅲ－４　野外の景勝地や史跡の前では、常に地理や歴史に関する説明が行われる。中央の教師は浅井治平。第１学年修学旅行。ランドセル姿が注目される。

写真Ⅲ－5　夕食後に旅館で行われるミーティング（学課）の様子。中央壇上で話しているのが浅井治平。（第1学年、熱海にて）

写真Ⅲ－6　足尾の銅山を訪れたときの様子。リュック姿で熱心に聴き取っている姿が写っている（第2学年）。

写真Ⅲ－7　第５学年、北海道旅行の１コマ。アイヌ民族の集落を訪れた際の様子。こうもり傘を手にしている姿が写っている（昭和14年）。

写真Ⅲ－8　アイヌ民族の集落を見学した際の様子。現地のアイヌ人にも説明を求めた。中央の子供の後に立っている教師が浅井治平。

## コラム　地理認識は身を助ける?!

学区域程度の近隣さえも歩かない子どもが増えている。決まった道しか歩かない。都会の高層マンションに住む子どもは、林立するビルで視界が遮《さえぎ》られ谷間に住んでいるかのような地理認識に陥《おちい》っている。地理認識が点的や線的なままだと危険を回避する力も萎えてしまう。通っている道が大雨で溢《あふ》れていたり、落書きがある地下道（写真１）だったり、道の向こうに怪しい人物がたむろしたりする場合、迂回《う　かい》しようという判断すらできない。親は、我が子が決められた道を通っているので安心だろうが、そのことが万一の時、危険を回避する力を弱めている。道のような空間認識に留まる状態をルートマップ型の心像といい、頭の中で真上から見下ろす近隣がイメージできる認識をサーベイマップ型の心像という。どちらが危険回避に優れているかは歴然としている。ではどうすれば、後者の認識が獲得できるだろうか？答えは、数階建ての建物屋上から近隣を眺めること。その後で住宅地図を丁寧に読むこと。次に近隣を回遊する形で実際に歩いてみることだ。通りの起伏や道のつながり具合、犯罪者が好む「入りやすくて・見えにくい」場所を知ることだ。

写真１　壁に落書きがある地下道

# 第Ⅳ部　防災：防災の地理認識と社会資本の役割

頻《ひん》発する自然災害を自分事に引き寄せて、役に立つ実践的な防災力を身につけるには当該地域の地理認識を磨く必要がある。地理的想像力を駆使し、子ども自身の避難行動や危険回避能力を培いたい。同時に、大人たちが地域の土木インフラをいかに構築してきているか、地域に貢献する社会資本の役割を実感させる学びも大事となる。地理認識はそうした持続可能な地域づくりにとって不可欠なのである。

## Ⅰ　「いつ逃げるの？ 今でしょ！」

平成26年は、7月9日に長野県南木曽《なぎそ》で起きた土石流災害や8月豪雨による広島市の土砂災害、そして不意を突かれた9月の御嶽山《おんたけさん》噴火災害など多くの自然災害が起きた1年だった。その中で74人もの尊い命が奪われた広島市の土砂災害は都市部で発生した点で人間活動との関係がより顕著な災害だった。住宅被害全半壊約260、床下浸水約2800棟など計4500棟にも及び、崖崩れや土石流の発生は166箇所にも達し、50万㎥の土砂・がれきが谷筋から住宅地に広がり流れ下った。雨量予報の見落としや避難勧告の遅れなど行政側からの情報伝達にも問題があった。

しかし、中国地方は花崗岩《かこうがん》の風化土壌「まさ土」におおわれ崩れやすいこと、宅地化が進んだ山麓《さんろく》は被害が大きくなることは土木関係者なら誰でも知っている。問題の背景には、一般市民の土地や気象に対する地理的想像力が希薄であったことに加え、避難情報を受け身で待ち、自律的な災害予測能力が発揮できなかったことが指摘できる。今後も単時間降雨量が100㎜を超える大雨は日本列島のどこかで起きるため、予断を許さない。また、大雨に限らず、自然災害から身を守るには、体験的な避難訓練が確かに効果的であるが、訓練だけに力点を置き過ぎると自分で判断する力が萎《な》えてくる。避難の発意や行動自体が人任せになり、自己判断を伴った防災力（生き抜く力）のアップにつながらないからだ。重要なのは、「まだ我が家（自分）は大丈夫だろう」と思いがちになる〝正常性バイアス〟に打ち勝ち、「いつ逃げるの？今でしょ！」という判断力と「どこへどうやって逃げるの？」という避難場所への認知地図を国民一人ひとりが少なくとも自分の住む生活圏で獲得することである。

筆者は、自然災害の研究者ではないため、詳しい災害発生のメカニズムを論じることはできないが、防災教育をテーマにその仲介者（エージェント）として子どもを介在させることで、教師や保護者の意識を変えていく自主的な防災まちづくりに関心を持っている。なぜなら大人は子どもの前では、確かな見識と行動力を見せたいと欲するからである。

ところで、人間が危機的な状況に陥った際に、その状況に適応し、くじけないで乗り切る「強くてしなやかな」回復力あるいはたくましさのことをレジリエンス（Resilience）と呼んでいる。本来、子どもにもこういった力は備わっており、時間の経過と共に回復するものと楽観視しがちだが、遊びや家事手伝いの外部依存化、孤立化・個室化が進んでいる現代の子どもたちの生活を見れば、容易にはレジリエンスは発揮されず、様々な精神的不安定に陥る危険性がある。同様に、社会資本の整備に伴い住宅や道路・上下水道など居住環境の利便性や快適性が高まり、反面その土地が持っている弱点が見えにくくなっているのも事実である。その結果、「防災や復興は自治体や国がやってくれるものだ」「待っていれば、避難指示も出してくれる」「堤防や排水路も整備されているので洪水は起きない」等といった他力本願的な思考にわたしたち大人社会も陥っているのではないか。こうした社会の脆弱性《ぜいじゃくせい》や社会資本整備への過信に警鐘《けいしょう》を鳴らすのが、国土強靭《きょうじん》化基本計画（強くて、しなやかなニッポンの再構築）ではないかと筆者は理解している。社会資本の整備は今後ももちろん重要ではあるが、自然の営力の前では限界もある。その限界をわきまえた上で子どもたちに対し社会資本の役割と防災教育の必要性を伝えていかなくてはならない。

## Ⅱ　「じぶん」を強靭化する4つの要素

レジリエンスは換言すれば、「じぶん」を強靭な方向にもっていくことと言える。そのためには、大きく分けて4つの要素が欠かせない。

1つ目の要素は愛情のある支援体制がとられているか、である。家族や親類、友人などはもちろん、近所の顔見知りの大人や学校の先生など多様な大人たちによる優しい言葉がけ、ときには遊びに誘ってあげることも回復へのきっかけとなる。子どもたちが安心して大人たちに見守られていることを明確に伝える具体的な機会や場面が重要である。これを社会資本整備になぞらえてみると、住宅や街の耐火性を向上させて安心できる暮らしが維持できること、道路や港湾の耐震性が強化され、すぐに各地からのバックアップ体制が構築できること、エネルギーや情報インフラが早期に回復でき、地域間の相互融通もはかれる柔軟な仕組みを有していることがあげられる。

つまり、万一大規模な自然災害に見舞われても大人たちが、「あなたたち子どもも安心して暮らせるようにいろいろな整備を進めているよ」と社会資本の役割を明確なメッセージとして子どもたちに伝えていくことが大事なのである。

2つ目の要素は、コミュニケーションと問題解決のスキルが獲得できているかである。学級の友だちと特別活動や社会科、理科、総合的学習などの機会に「避難訓練」や「地域点検＋手づくりハザードマップ作製」、「防災に貢献している各種社会資本整備の見学学習」「砂山を使った土砂災害のしくみ理解」等を事例とする体験的な学習を教育の場で実現できていることが重要である。

3つ目は、子どもに計画を最後までやり通す経験をさせることである。学校生活でも、学年のめあてや自己目標などが作成されているが、単に精神的スローガンに終わってはいなかったか、めあてをリアリティのある目標に変え日付を入れて計画的に取り組ませ、「やり通す意志」を育成しておくことが大事である。社会資本整備になぞらえて考えると、国土強靭化基本計画のアクションプランを確実に策定し、実行している様子を子どもたちに伝えることであろう。

さて、最後の4つ目の要素であるが、自分の持つ能力を肯定的に感じる考え方を持たせておくことである。小学生など幼い子どもの場合には、避難所において子どもにもできる物資の配給や水汲みの手伝いなどを依頼することで子ども自身の効力感を育て、ひいてはレジリエンスが高まる効果が期待できる。事前の防災活動でも地域のハザードマップを子どもたち自身の手で作製させそれを使って広報活動を行ったり、避難訓練で下級生の手を引いて安全な歩道が整備された道路を避難したり、砂防ダムや地下調節池、河川堤防の改修工事等を見学し、その効力と限界の両方を理解させた上で自助・共助・公助の適切な組み合わせを考えてみる学習が考えられる。社会資本整備になぞらえれば、これらの土木構造物の工事や建設そのものへの肯定的な見方を養うことである。

もちろん、これら4つの要素を含んだ防災教育が実効性あるものとして展開できるためには指導者である教師自身の防災や社会資本整備への理解を深めること（教員向け講習会）をはじめ、社会資本整備の役割を解説した子ども向け副読本の作成、学校と地域との自主的な防災連携、ゲストティーチャーとして学校への出前授業を実施してくれる土木や防災関係者の存在、土木工事現場への社会見学が実現できる仕組み（バス貸借と見学場所の確保）などが前提にあげられよう。

## Ⅲ　水災害に向けた防災教育と学校の責務

地図帳を開いて日本列島を見渡してみると多くの都市部が低地にあることが分かる。洪水（外水氾濫《はんらん》・内水氾濫）や津波、高潮など水に関する災害にいかに対応できるか。とりわけ広島市の土砂災害のように都市近郊の山麓部にまで宅地化が進展しているエリアでの水災害への対応は急務である。

一般に、予知が未だ困難な地震・火山災害を除き、水災害に対しては気象台や自治体から大雨・洪水（特別）警報や避難準備情報、避難勧告などが先に出され、最終的な避難指示（避難命令）が発令される前に一定の時間（時として短い場合もある）が生まれる。このとき、重要な判断ポイントは逃げる心構えや準備をするタイミングである。矢継ぎ早に出される各種注意報・警報や避難準備・勧告・指示等の用語の意味をちゃんと理解しておかないと、人は自分に都合のよい情報に耳を傾けやすく、たとえ避難勧告や避難指示が出ても動き出さないことが指摘されている。

未来の社会を担う子どもたちには災害から身を守る確かな自己判断力を育てたい。具体的には、防災教育の時間に国語辞典と自治体から配布された防災パンフレット等を用い、用語の意味を丁寧に扱う場面を用意すべきである。大人でも曖昧に捉えがちな避難判断の意味そのものを学習させるわけである。避難情報を示す用語が、屋上屋を重ねるようなことになってはならない。

### 1　ハザードマップづくりは認知とバリアが鍵

ここでは、子ども自身の手によるハザードマップづくりの指導ポイントを解説したい。自治体のハザードマップは市域全体をカバーしているため、学区程度の狭い範囲を読み取らせるには適していない。理想的には日常の生活圏である学区（小学校区～中学校校区を単位に）の大縮尺の地形図を読み取らせながら災害予測を地図上で行うこと、安全で避難しやすい経路を地形図に線引きさせること、可能な限り学区を歩かせ点検した結果を略地図でいいから子どもに描かせて手づくり感あふれるハザードマップを作製させることである。子ども自身が学区やその周辺に関するメンタルマップ（認知地図）を大まかでもいいから有しているか否かは、防災力の要点である。

「この雨の降り方では、学区のあの用水路はあふれるかも、だからあの道を通るのは避けよう。」という具合にイメージ豊かに避難路を選択できる能力がほしい。手づくりの地図には、そういった豪雨時の想定も書き込ませるようにしたい。特に、避難所までの経路で行く手を遮《さえぎ》るバリア（障害物）の認知は鍵となる。バリアの種類はいくつもある。例えば用水路、横断に手間取る幅員の広い道路、急な崖や坂・長い塀・フェンス、側溝のグレーチングやマンホール、渋滞する車の列、橋、アンダーパスなどの箇所が考えられる。また農村では豪雨時に農道が川と化す場合があり、足をとられやすい点もバリアである。ゲリラ豪雨は近年頻度を増している。にもかかわらず「通学路で通りなれているから、大丈夫だよ」との油断は禁物である。

## 2　洪水時の正しい歩行

写真Ⅳ－1は愛知県岡崎市の小学校で水防災の出前授業を筆者自身が行った場面である。またそのときの学習指導案が表Ⅳ－1である。実際の授業では、子どもたちに洪水を他人事にせず自分に引き寄せて捉えるよう指導した。写真は、数年前に同市で起きた水害の実績図を黒板に貼り、児童の身長を使ってどこまで水が上がってきたのかを実演している様子である。また、授業の導入で次のイラスト（図Ⅳ－1）も提示した。このイラストは、筆者も策定委員で参画した愛知県河川課の新しい水防災プログラム（みずから守るプログラム）で開発された新教材の一つである。正しい洪水時の歩行はどのイラストであろうか。

正解は、長い棒で足元の安全を確かめながら歩行す

写真Ⅳ－１　児童の身長で洪水時の水位を解説する筆者

図Ⅳ－１　ひなんの方法

表Ⅳ－1　第４学年防災学習指導案（愛知県岡崎市立城南小学校）

授業者　寺本　潔

授業のねらい：学校の脇を流れる占部川の氾濫を題材に、水害時の路上における適切な歩行の仕方を考え、いつどこへ避難したらいいのかを、教師が提示したイラストの選択を通して判断し、城南学区で起こり得る水害の危険とその対応について、自分に引き寄せながら理解を深めることができる。

| | 学習活動 | 指導上の留意点 |
|---|---|---|
| 導入 | 1　防災体操をして地震や水害に対する興味関心を高める。<br>・先日起きた熊本市の水害の新聞記事を見て、類似の水害が岡崎市でも起きたことを思い出す。 | ・アイスブレイクとして3分程度で終わる体操を皆で行い、防災に対して前向きな関心を持たせるように配慮する。<br>・熊本日日新聞の一面記事を教師が読み上げる。愛知県岡崎市でも川があふれて洪水がある場合も想定できることに触れる。 |
| 展開 | 2　正しい避難の仕方を描いた3枚のイラストから、学習問題：「大雨のとき城南小のまわりには、どんな危険があるのだろうか？」を考える<br>・長い棒を持っている（事実の読取り）・壁に沿って歩いている・泳いでいる<br>3　大雨の際の城南小学校付近の浸水実績図を読み取り、具体的にどんな場所がどれくらいの深さになるのかつかむ。 | ・イラストに描かれた事実の確認→疑問→解釈の順で丁寧に読み取りながら、正しい避難行動について考えさせる。<br>・自分だったらどうするかと問いかけてさらに引き寄せさせる。<br>・隣の人と話し合って探してもいい。<br>・75cmの水深になっている場所が近くにあることに気づかせ、抽出児童の背丈を測ってみることで、水かさが増すことに臨場感を示す。 |
| まとめ | 4　結局、早めの避難に心がけることが大事であることに到達させ、避難情報の種類について整理する。<br>5　今日の授業で分かったことをノートに列記して、数名の子どもが発表する。 | ・「避難指示」と「避難勧告」の言葉の意味の違いについて国語辞典を使って確かめさせる。<br>・万一、情報を入手できない場面では、どうしたらいいかも考えさせる。 |

るAである。授業でこのイラストを提示すると七割の児童がAを選択できたが、すかさず筆者は「長い棒がもし手元にない場合はどうするの?」「壁沿いに歩いた方が安全では?」「○○君は水泳が得意だからCがいいんじゃない?」と児童の判断をゆさぶりながら進めていった。その後で、道路脇にある溝やマンホールの写真を提示し、洪水時には溝やマンホールの穴が隠れるので、やはりAが正しいことを確認した。黒板には市役所で作成されている洪水実績図（7年前の岡崎水害で水が溜まった箇所とその水位の地図）を提示したことで、自分たちが日頃遊んでいる公園や公民館が案外、水深が深く75~90㎝もあることが分かり、浸かった水位を身長で確かめた学習や導入で使用した正しい歩行のイラストに現実味が帯びてきた。

### 3　手づくりの津波防災マップ

「私は、この2日間で、たくさんの防災の事を知りました。B地区を歩きまわって、ちょっとしたかんばんやだんさが、津波が起きると、にげる時とてもじゃまになる事がわかりました。（中略）防災マップを作って、新しく地図の書き方もよくわかりました。地図に電柱を写した写真をはると、海抜表示は、南に行くにつれて、だんだん低くなっていっていることがわかりました。ほかにも、マンホールは、津波の時フタがとれて穴が開き、にげる時におちる事がわかりました。車も、水にういて、おそってくるのでこわいです。にげていると中も車にひかれないようににげたいです。ほかのグループのマップを見て、たすかる物があれば、どんどん使っていいということがわかりました。

私はB地区にすんでいますが、よく見るとマンションやアパートの高い建物がないので、D地区などににげれるように、ルートを決めて、ちゃんとかくにんしておかないといけないと思いました。防災マップを作る事でいいけいけんができました。」（沖縄県豊《と》見《み》城《ぐすく》市の小学校　当時5年生　女子生徒の作文）

この作文は、筆者が沖縄県の2小学校（本島では豊見城市、離島では石垣市）に出向いて津波防災をテーマに授業した直後に綴られたものである。授業は、地域点検街あるき+ハザードマップ作製・発表という合計6時間で実践された。この6時間というのが、重要である。小学校の教育課程で10時間を超える新しい学習内容は容易には導入できないからだ。また、小学校では教師にとって簡便で効果の高い方法しか、採用されないのが現実である。筆者は、小学校教諭の経験もあるので、自ら授業を公開し、教師や保護者に見ていただくことでこの方法の有効性を実証した。

ところで子どもにとって1年間の全生活時間の中で、八割は家庭や地域で過ごす時間である。にもかかわらず、防災教育は学校内でしか指導されていない現状にいささか不安を感じてしまうのは筆者だけであろうか。自助を基本とする防災は、「一人で家にいるときや近所で遊んでいる時に地震や火災、洪水、津波が発生したら、どうするの?」を問う学びにしなくては確かな防災力にはつながらない。学校で教える防災教育にしても地域の特性に見合った「防災の自校化」が不可欠である。

実際の手順として、児童に災害時での市街地の変化や水位が高くなった場合の避難の仕方などを考えさせ、キーワードとして、「**とうふてい**（倒・浮・低）」を提示した。つまり「**倒**れてくるもの」と「**浮**くもの」「**低**

写真Ⅳ－2　丸太が浮いて襲ってくる

写真Ⅳ-３　港に置かれている船が浮いて襲ってくる

写真Ⅳ-４　使途不明の物も津波で押し流されると予想して写真に撮る児童

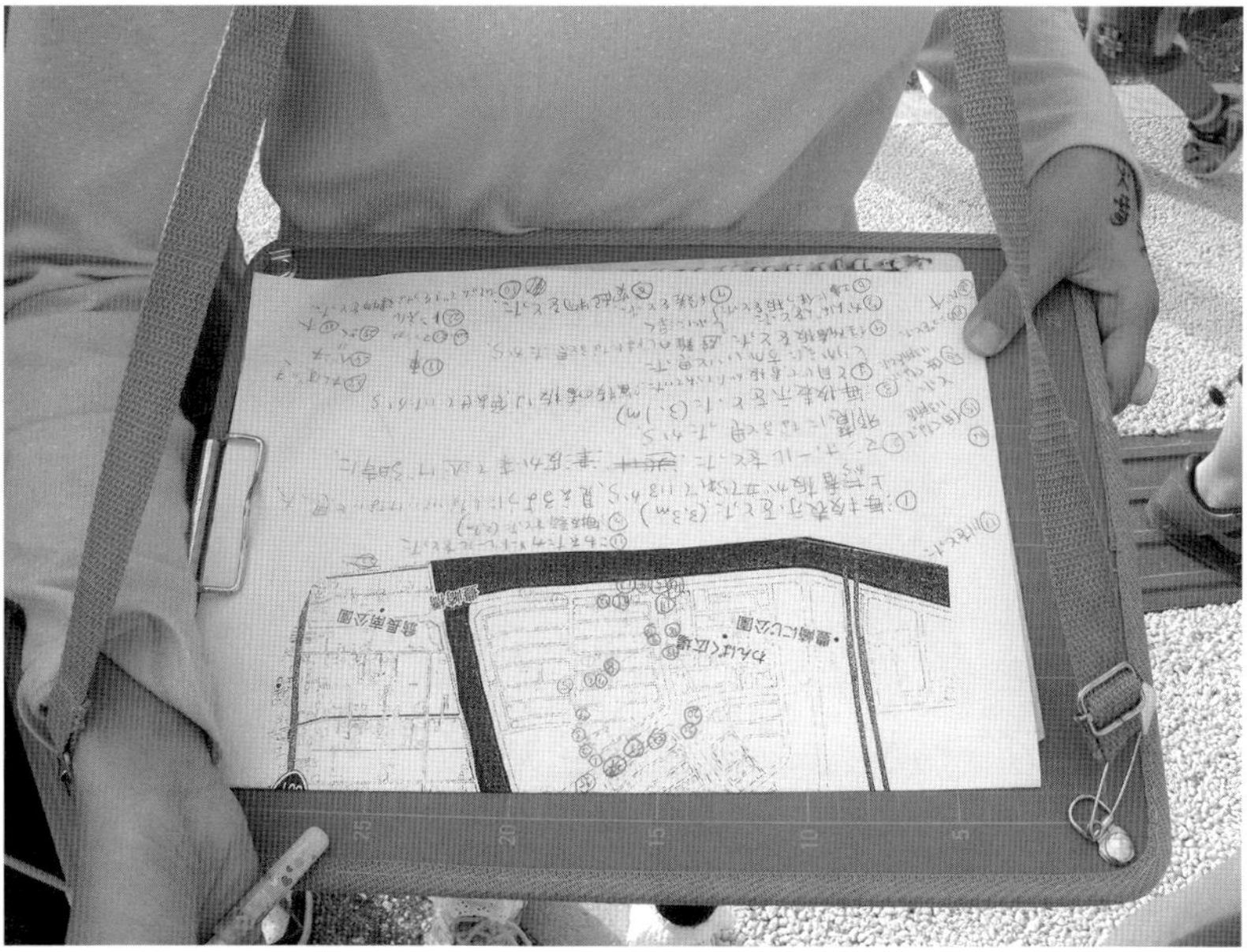

写真Ⅳ－５　学区点検で確認した箇所を地図に記入する

写真Ⅳ－６　津波遡上時に駆けあがれるマンションの外階段を撮影する児童

い地面」の3つである。校外指導では4～5名で班を構成させ、各班に引率（保護者）を1名お願いした。学区をいくつかに分割し、児童にカメラを持たせて、ブロック塀や自販機、エアコンの室外機、電柱、看板などの「倒れてくるもの」を、さらに津波や洪水で流されて人にぶつかるプロパンガスや自家用車、材木、ボートなどの「浮くもの」、駐車場や地下道（特に、アンダーパスと呼ばれ立体交差で掘り下げ式になっている下の道路）、公園等の周りより少し「低い地面」や電柱に貼られている標高板も撮影させた（写真Ⅳ－2～7参照）。

出来上がった防災マップの発表会では「もし、津波がやってきたら、私の家からはこの階段を使ってビルに駆け上がります。」「みんながこの地図に注目するよう

写真Ⅳ－7　電柱に示された海抜表示に着目する児童

写真Ⅳ－8　手づくりハザードマップの例

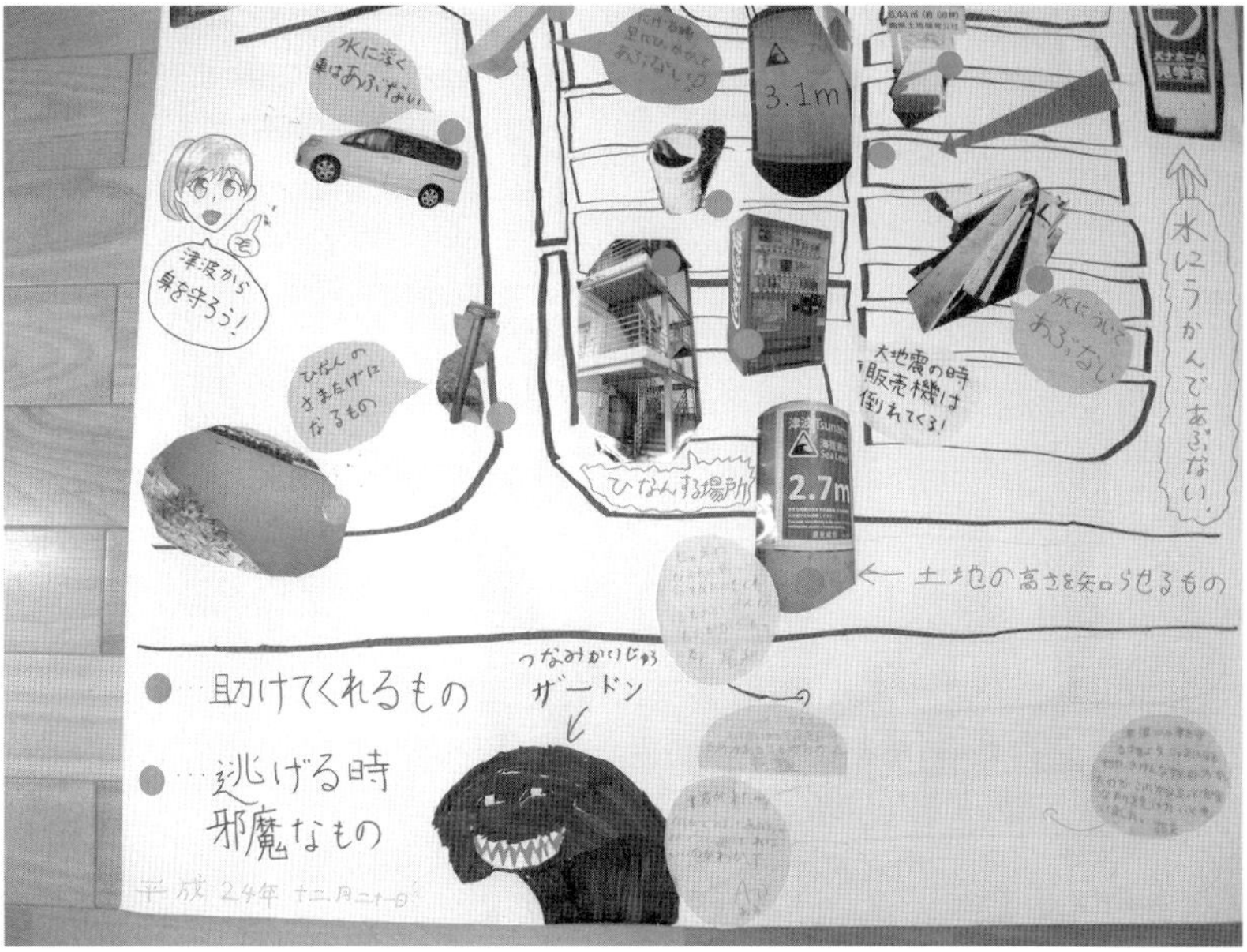


写真Ⅳ-9　工夫されたマップの例

写真Ⅳ-10　自分たちで作ったハザードマップを発表する５年生

に〝津波怪獣ザードン〟を書きました。」などといったユニークな内容となった（写真Ⅳ－8～10参照）。従来型の教師や保護者から一方的に提起する「脅《おど》しの防災教育」でなく、思考力を高め自分事に引き寄せた「学びとる防災教育」を目ざした。

### 4　学校長の役割

ところで、自然災害は、災害発生の種類と共にその地域固有の特性を考えておく必要がある。分かりやすくするために表Ⅳ－2に整理してみた。

仮に学校長として赴任《ふにん》した場合、学校周辺の土地の特性をきちんと把握し下記の表に見られるように自然災害の種類に応じた「強くて、しなやかな対応策」を的確に指示できるだろうか。例えば、学校の位置する場所が海岸や河川から比較的近く、津波の到達や河川の洪水が予想される場合、地震や火災訓練の場合と同じように全校児童を校庭に集めて点呼を教職員に指示することはかえって危険な場合がある。校庭は学校内で最も低い土地にあることが多く、津波や洪水に巻き込まれやすいからである。津波到達や河川の堤防決壊

表Ⅳ－2　学校が被る自然災害の種類に応じた被害と対策例

| 自然災害の種類 | 想定される学校や子どもへの被害 | 強くて、しなやかな対応策 |
|---|---|---|
| 地震災害 | 校舎の破損、地盤の液状化、火災 | 校舎の耐震補強、地盤対策、耐火性 |
| 津波災害 | 校舎の破壊・津波による水死 | 避難タワーの建設、避難の自助・共助 |
| 台風災害 | 強風による破損、高潮被害 | 防潮堤の建設、強風・高潮からの避難 |
| 火山災害 | 噴石・火山灰や火山ガスの流下 | 避難小屋・退避壕建設、ガスマスク準備 |
| 大火・山火事 | 延焼による建物の焼失 | 風下の判断、防火帯の設置、消防団 |
| 竜巻・落雷 | 窓ガラスの破損、停電 | 竜巻警報への注意、ガラス窓からの避難 |
| ゲリラ豪雨 | 川の急な増水、通学路の危険 | 外水・内水氾濫への危機意識、アンダーパスの通過禁止、放水路の建設 |
| 大雪 | 雪の落下と通学路の危険 | 除雪作業、落雪への注意喚起 |

までの時間的余裕がない場合、安易に児童を校庭に集合させるべきではない。学級ごとで3階以上の教室や屋上に避難させた方が安全なケースもある。さらに温暖化や都市のヒートアイランド現象による積乱雲の発生も相俟《あいま》ってゲリラ豪雨が頻発している。安易に下校指導に移ることも危険だ。学区によっては通学路が長く、児童が帰宅するまでに時間がかかる場合にはそれだけ洪水に遭《あ》う危険性も高くなる。短時間に豪雨が降り注ぐ場合、学区の地形を子ども自身も把握しておけば、おのずと避難行動の選択ができる。また、学区には豪雨が降っていない場合でも川の上流部で豪雨になり洪水が引き起こされる場合もある。近くの河川が天井川である場合、なおさら雨量には敏感であるべきだろう。大雨洪水注意報が出た段階で児童の避難行動をイメージし、その後の警報発令を予測できるかを天気図なども勘案して想定しておくことが大事である。災害からの避難を的確に指示するためにも児童をいつ下校させるか、児童をどこに集合させるかの2点は校長の確かな判断力が求められる瞬間なのである。

## Ⅳ　発案→共感→美→貢献で構成する社会資本学習

全国の小中学校において地域に残る歴史的な文化財や景観は、社会科や図画工作（美術）科、道徳、総合的な学習の時間などの機会で教えられている。とりわけ国や県指定の遺跡や建物、重要文化財、有名な人物の銅像などは教材として扱われることがある。ただ、それらの多くは、近世以前の文化財であることが多かったり、物的にも地域に保存された形、つまり有形文化財であったりする場合が大半である。しかし歴史遺産といった場合には、近現代も含め出来るだけ時代的にも広い範囲から遺産を意識づけ、祭り、習慣、産業で栄えた往時の景観や地名など有形ではない対象もその候補として扱った方がよい。つまり地域に残っている優れたモノ・ヒト・コトを建造物や構造物などの遺産と絡めつつ子どもたちに教える必要がある。そうした遺産の中で、土木構造物は地味である。形も無骨で目立たない。写真Ⅳ－11のような古い鉄道橋梁《きょうりょう》、道路やダム、堤防、水路、港湾、隧道《ずいどう》などは一部のマニアが関心を寄せているものの子どもたちには、ほとんど注目されていない。

例えば、古くから地域に存在する道路も地味な存在だ（ただし、熊野古道のように歴史的にも貴重で観光地として有名な道路は別格である）。一見新しい舗装道路でも、旧道が平行して走っていたりすれば、旧道と新道はその地域の開発の上で重要な道路であり地域の遺産と呼べる。例えば北海道に残る札幌―小樽間の国道（銭函《ぜにばこ》を通る海岸沿いの道路）や横浜市の馬車道、那覇《なは》市にある国際通り（奇跡の１マイル）などその代表例だろう。日立たない土木構造物に教材化の光を当て、見えにくい地域の姿をいかに物語るか。ここでは、その教材化の視点を述べてみたい。

欧米では、建築物そのものや建造物とその環境を含めた学習（建造環境学習：ビルトエンバイロメントスタディズ）が盛んで、筆者が知っているだけでも、例えば英国の都市学習センターで推進されているアーバン・スタディズやアメリカで開発された子どもの体の仕組みになぞらえた「建築と子どもたち」教育プログラム（アン・テーラー女史が考案）など優れた教育実

写真Ⅳ-11　碓氷峠《うすいとうげ》に建設された煉瓦《れんが》造りの鉄道橋。土木遺産に選定されている

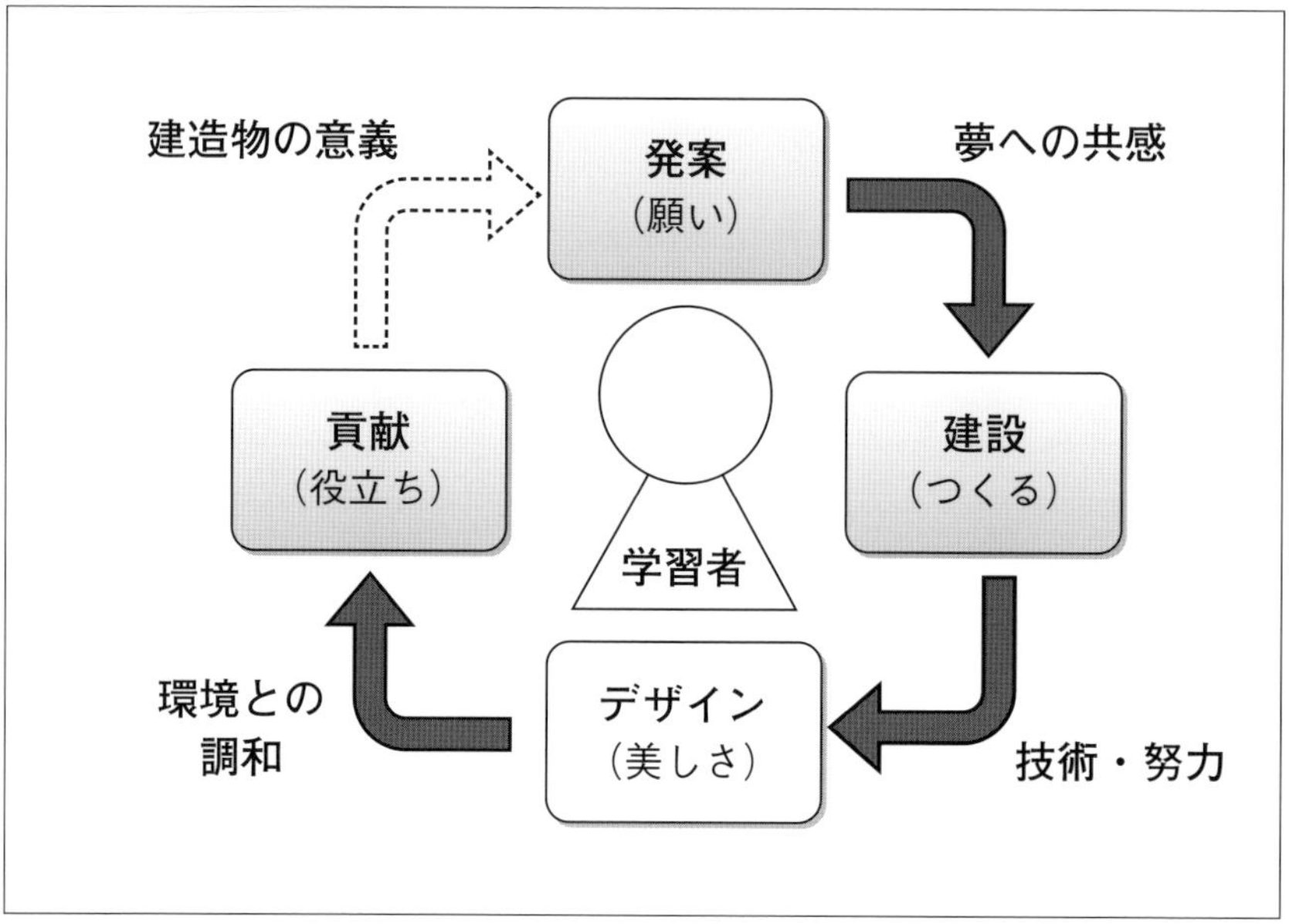


図Ⅳ－２　４つのアングル

践も多い。我が国においては総合学習にそうした視点を導入し、さらに社会科や図工、技術科と組んで建造物や土木構造物の学習を一層進展させることができる。では、近現代の土木遺産を教育の視点から捉えるための切り口は何が考えられるだろうか。近現代の歴史的土木遺産という教材を活用した教育を構想する場合、筆者は素材の特性を考えて次の４つのアングル（図Ⅳ－２参照）を考えている。

## 1　発案（願い）

第一に据えたいアングルとして「発案」をあげたい。優しく言い換えれば、建造に至った経緯をたどる学びである。その地域にどうして建造物が建てられたのか、建造物をつくろうとした理由や発想の背景こそ、子どもが近現代の歴史遺産という過去のインフラ（社会資本）に対して共感を覚えるきっかけとなる。例えば、先人が湖を見つけて「この水を故郷の台地に引くことが出来たら土地が豊かになるだろうに」といった願いが発端となって用水の開発や建設に動き出す。発案そのものが遺産誕生のきっかけとなる。福島県の猪苗代《いなわしろ》湖などはその代表例であり、オランダから招いたお雇い外国人技師、ファン・ドールン（１８３７－１９０６）による安積疏水《あさかそすい》十六橋水門が好例である。「発案」の元は政治家や土地の有力者の場合もあるだろうが、その実現に貢献したのは、一般の技術者であったかもしれない。琵琶湖《びわこ》疏水を工事した田辺朔郎《たなべさくろう》のように発案が実現できるよう測量しながら計画を進めた人物もあるのでそれらの人物の考えや工事での苦労を地図や模型を使って追体験することも有効な学習方法となる。「発案」に迫るには周囲の地形などの土地条件、当時の建設費の工面、新しい土木技術の導入などが学習内容として想定される。子どもが、学習を通して先人の立場に立つことができれば、とたんに歴史遺産がリアルに語りかけ始めるだろう。

### 2　建設（つくる）

歴史遺産は「建設」という具体性を与えられてこそ日の目をみる。土木遺産に限らず、産業系でも技術は要である。群馬県の富岡《とみおか》製糸場というレンガ造りの工場建屋の建設にあたっても技術という工夫が見え隠れしている。高い技術こそ日本人の匠《たくみ》の技である。設計段階から施工までの間でたびたび困難にぶつかってきた「建設」には最大のドラマがある。八幡《やはた》製鉄所などはなかなか硬い鉄の精製ができなかったようだ。溶鉱炉という日本人にとっては難題の建設をやり遂げていく苦労や工夫に教材としての価値を感じる。ときには港やダムなどの建設作業中、労働者の尊い命が失われる事故もあっただろう。そういった人たちの墓地や墓標も貴重な教材になる。

交通や産業、土木の遺産を扱う場合、簡単な材料でそれらの模型を作らせることも遺産を理解する上で、建設当時の知恵と工夫に共感できる。さらに、実際に建造物の大きさを実測させたり、当時工場で働いていた女子工員の服装と同じ服を着用させたり、機械を一部稼動させたり、あるいは水門を動かしたりできれば、建設当時の雰囲気のすごさと素晴らしさに触れて建造物への関心を高めることになる。

### 3　デザイン（美しさ）

近現代の遺産から学ぶという学習スタイルに不可欠

なアングルとして建造美がある。これまでほとんど教育では扱ってこなかった世界である。しかし建造物自体の形や色、素材のもつ美しさ、意匠《いしょう》と呼ばれる飾り、年月を経て初めて貫禄《かんろく》を醸し出す煉瓦《れんが》造りの風格という価値などは優れた美術教育の教材になる。英国におけるこの種の学習には必ずといっていいほど環境デザインから学ぶ視点が入っている。建造物を触ってみる、写真に撮る、スケッチする、模型を作ってみる、背景の景観との調和について鑑賞するなど学習方法を工夫できれば面白い。その土地の風景に溶け込んでいるという視点から遺産を眺めてみることで愛着がさらに深まるだろう。土木の世界にも土木デザインがある。ダムから流れ落ちる水流の美しさや石垣の重厚さ、リズミカルに橋のスパンが続く姿などは綺麗《きれい》である。美という視点から、遺産を捉えなおす作業は教育に課せられた課題であろう。

**4　貢献（役立ち）**

近現代化の発展そのものに貢献した面や当時の社会資本や文明開化の象徴としての性格をこのアングルで特に強調したい。この鉄道のおかげで地域の開発が進んだ、この堤防のおかげで港が機能してきた。この工場は産業をこの地に生み出したなど貢献度に違いはあるにせよ、重要である。「発案」の内容と「貢献」が見事に結びついている姿は地域や国の発展に寄与できているかどうかに関っている。建造物を作った技術者や発案者の願いが「貢献」といった形で結実する喜びを児童生徒にも追体験させたい。この段階の学習では、建設記念碑や市史、社史、郷土資料集、地元の新聞資料などが教材資料として整備される必要があろう。

これら4つのアングルを念頭におきつつ、教育現場が各地方で近代の歴史遺産を発掘し、教材開発に尽力していけば地域発の新しい文化財学習（地域再発見学習）にも発展できるだろう。幸い、都道府県の教育委員会文化課が中心となり、明治以降の土木、交通、産業などの遺産を網羅した近代化遺産調査はほぼ終了し大部の報告書が刊行されている。それは同時に教材の宝庫であり、近代化遺産の教育活用に道を開けば、何よりも教師自身がふるさとの近代を見直すきっかけとなる。

## Ⅴ　歴史的な建造物を対象にした社会資本学習の意義

理想的にはある単体の歴史遺産、例えば昭和初期に建設された鉄製の橋の場合、その橋が建設されて現在にまで活用され続けている背景を「発案→建設→デザイン→貢献」の流れで教えることが出来るように教師も教材研究に努める必要がある。地域のお年寄りに橋について尋ね、博物館や市役所の文化課や土木課で基本的な資料を収集したい。その橋が地域の産業振興に大きく寄与した歴史が浮かび上がってくれば教材になる。石造の構造物であるが、一例をあげたい。かつて国土交通省中部地方整備局に設置された「建造環境から学ぶ総合的学習検討委員会」で報告された貯木場を扱った教材開発は素晴らしいものであった。それは愛知県豊田市の矢作川《やはぎがわ》に残る巨大な材木の置き場、百々《どうど》貯木場（土木学会選定の遺産）を扱った小学校4年「大発見！百々の貯木場探検隊」の教育実践であり、子どもたちにとってふるさとを見直す上で教育的な意義が高い学習であった（写真Ⅳ－12・13参照）。貯木場を測

写真Ⅳ-12　貯木場の木材を引き入れる扉付近を見学する子ども

写真Ⅳ-13　建設会社の職員に手伝ってもらいトランシットを使って貯木場の水位を測っている様子

量した際の児童の感想文を紹介しよう。

「10月30日　今日、貯木場にそくりょうに行って、最初に水門の橋の上から川のむこうがわのきょりを計りました。その時に使ったのが、トランシットとターゲットというきかいでした。計った結果222m14㎝4㎜でした。㎜まで計れるなんてすごいと思いました。次に面積を計りました。ここではテープを使いました。まず、テープの0の所を持ってもう一人が黄色のまいてある所を持ち歩いて調べました。結果は、たて46m40㎝でした。そのとき私がふしぎに思った事はどうして形がアーチなのかと言う事です。見せてくれた大きな写真の説明を今井さんがしてくださった時にわかったのは、昔、貯木場には水が半分くらいあったという事。貯木場ができたのは大正6年と言う事などいろいろな事が分かりました。」（豊田市平井小学校4年児童）

感想文に登場する今井さんとは、貯木場の持ち主であった今井《いまい》善六《ぜんろく》氏の末裔《まつえい》である。また、トランシットなどで測量の実演を見せてくれたのは、現地の建設会社のスタッフである。貯木場には石垣で組んだアーチ状の立派な樋《ひ》門があり、そこには今井家の家紋が掘り

写真Ⅳ-14　土木遺産としての価値を讃えた記念碑（静岡県大井川にかかる大井川橋）

込まれている。樋門を介して矢作川の川面も眺められ、往時を偲《しの》ぶことができた。川にダムが建設されたことに加え、材木の搬出が川に流して行われるのでなく、トラック輸送に切り替わったことで貯木場の役目は終わる。いわば時代の変化で使われなくなった貯木場なのである。このこと自体、地域開発の歴史を物語る産業と絡んだ土木遺産であり、地域史の中でももっと注目されてもいい遺産である。

驚きだったのは、この貯木場は当地の平井小学校による学習がなされる以前は、夏草に覆われ、全く教材として活用されなかった。たとえ土木の世界で著名な近代土木遺産でも教育界ではほとんど注目されていないのではないだろうか。豊田市では、この後、近代産業遺産や交通遺産のリストも作られ、「豊田市近代の産業と暮らし発見館」の開館にもこぎつけた。今では自動車産業で有名な豊田市の自動車以前の姿がこの施設で学べる。

全国的にも近現代の見直しは盛んになってきている。レンガ造りの建築物や石垣の持つ美、産業の営みが見えてくる博物館など、かなり整備されつつある。また土木遺産を遺産として本当に活用しようと思えば、ある程度可能になる条件は整いつつある（写真Ⅳ－14参照）。問題は教師が近現代の建造物に興味を抱いているか、教育的活用を進める際の指導のねらいをどう位置づけているか、近現代の建造物から学べる徳目はないかなど、検討する必要がある。自分の近隣で近現代の著名な産業、交通、土木に関係する建造物は何が残っているか、宝物探しの気分で教師は教材を見つけてほしい。

## Ⅵ　地理認識を重視した防災教育と地理的想像力

東日本大震災が大津波を伴って三陸の海岸に押し寄せたのは、確かに想定外の高さの波であった。津波自体の経験知が薄れてきつつあった被災前、その破壊力の大きさについて見過ごしていたのかもしれない。結局、自然現象が人間活動の舞台である地表にどういった影響を及ぼすのかをリアルに想像できるか否かがポイントといえるだろう。地理的想像力（Geographical Imagination）という言葉がある。災害がどういった地形の土地に襲い掛かり、どのような被害を私たちの暮らしや町に及ぼすのか、地理的イメージを伴って想像できるか否かが問われている。ハザードマップを読んで、いかにリアリティを持って想像できるか、水位がここまで来た場合通学路はどうなるのか、地震であの通りがビルの倒壊で通れなくなった場合が想像できるか、火災が路地の多いこの地区で起きた場合、消防車は果たして入れるのかなどといったイメージを具体的に保有できるか否かにかかっている。

地理的想像力はグーグルアースが成し遂げたように、様々な縮尺で地域を眺め、空間的に想像力を育むことができる。地球を球体として眺めることのできるレベルから、一軒ごとの家屋を確認できるレベルまで、グーグルアースはズームを調節できる。人間の住む世界をいわば鳥瞰《ちょうかん》的に見通すことができるようになったのだ。自然災害の前と後に撮影された同じエリアの画像を比べることで客観的な災害観を養うことにもつながる。

しかし、災害が起きる前に災害時を想像させることは容易ではない。ハザードマップを配っても、自分の家の位置を地図上で確認し洪水や津波が被害を及ばないと勝手に判断し「安心マップ」と捉えているケースもある。過去に起こった災害が再び起こる場合もある。過去の災害教訓を振り返りながら、市街地化が進んだ現代の都市の弱点を予測する力を養いたい。

最後に社会資本整備と防災教育の関係を整理しておきたい。道路や港湾、ダム、空港、上下水道、共同溝など身近な社会資本はわたしたちの日常生活を維持してくれているインフラである。災害時にはそれが一部機能できなくなる。大切な点は、災害を低減させる「強い」構造物を造ることと同時に災害後にすみやかな復旧に移せる「しなやかな」仕組みをいかに構築できるかにある。国土強靭化とはそういったたくましいニッポンへ変わっていこうとする国土と国民の志向性なのである。

**参考文献**


寺本潔・大西宏治共著『子どもの初航海―遊び空間と探検行動の地理学―』古今書院、２００４年、ｐ．１６４．

寺本潔・田山修三編著『近代の歴史遺産を活かした小学校社会科授業』明治図書、２００６年、ｐ．１０８．

寺本潔・嘉納英明『沖縄県の小中学校における津波防災教育の自校化と地理教材資料の作成』国土地理協会研究助成報告書、２０１３年、ｐ．52．

寺本潔「児童による津波防災ハザードマップの作製手順とその教育効果に関する研究」『玉川大学教師教育リサーチセンター年報』２０１３年、第４号、ｐ．45～56．

## コラム 東京の都心で訪ねる伊能忠敬の足跡

日本人の地理認識に多大な影響を及ぼした人物と言えば、伊能忠敬《いのうただたか》（1745―1818）だろう。千葉県香取市に旧宅や記念館、銅像がある。一方、東京の都心でも忠敬の偉業を感じる場所が２箇所ある。１つは、地下鉄東西線門前仲町駅近くの富岡八幡宮《とみおかはちまんぐう》にあるブロンズ像（写真１）だ。近くに隠宅した忠敬が1800年６月１日朝、蝦夷地に向けて出立する前に参拝したという。

もう１つは、港区芝公園内の丸山古墳頂上に功績を称えた記念碑（写真２）がある。財団法人東京地学協会設立の立派な日本地図レリーフも付いた碑で一見の価値がある。緯度１度分の距離を実測し、そこから地球の大きさも測りたかった伊能は、第一次測量で北海道根室まで往復3200kmの道を180日かけて実測している。択捉《えとろふ》島や吐噶喇《とから》列島以南を除いて対馬や五島、佐渡、屋久島などの離島も測量している。「御用の旗を掲げて測量隊がわが町の近くも歩いたかもしれない」と想像するだけでも楽しくなる。

写真１
富岡八幡宮にある伊能忠敬像
杖先羅針盤を片手に竹光の脇差をつけている。

写真２　芝公園内にある伊能忠敬測地遺功表
1889年に建設された旧記念碑が戦争で失われたため1965年に再建。

# 第Ⅴ部　観光――その１：教育旅行で培う地理認識と観光教育

観光教育にとって、学校で体験する教育旅行（修学旅行）は児童生徒の地理認識を育む経験知として重要な機会となる。ここでは、両者の関係性をＳＤＧｓ（持続可能な開発目標）の学びも念頭に整理し、地域の魅力を価値にかえ、多角的な思考を磨く観光の学びの有効性について論じる。

## Ⅰ　特別な体験で終わらせない

級友と宿泊を通して観光地を訪問する修学旅行（教育旅行）は、生徒の長期記憶に残る楽しい思い出だ。教育課程の上では「特別活動」なのだが、文字通り「特別な体験」で終わらせてはもったいない。本物の史跡や文化財に触れ、平和や環境について真剣に考え、農村体験や民泊体験で農業の面白さとホストファミリーの心遣いに感動するなど、その教育的な価値は高い。教育旅行専門誌の『教育旅行』を改題前の『修学旅行』から数えて20数年、関心をもって読んできた筆者にとって、日本の教育旅行が教育学的にも一段の進化を遂げ、生徒自身の成長にとって欠かすことのできない発達課題として社会的にもっと評価されることを願いたい。本稿では、観光振興が重要性を増してきつつある中、新たに勃興《ぼっこう》しつつある観光教育との関係性を筆者なりに整理してみた。

### 1　「確かな観光者」としての資質

新型コロナウイルス感染症で大打撃を受けている観光業や観光地にとり、教育旅行の再開は希望の光となる。完全には安心できない状況であるため、感染リスクを避ける手立ては不可欠である。しかし、教育旅行こそ「主体的・対話的で深い学び」がリアルに体感できる機会と捉《とら》え、複数の教科や領域と横断的に関連づけながら、旅行前後で生徒の成長を「見取る」ことができる活動として進化させたいものだ。

一方、観光教育という新しいジャンルでは、自身の旅行者としての資質・能力を高めるのはもちろん、観光客を受け入れ、地域や国の発展に寄与する資質や将来の観光業へのキャリア（観光人材）も意識した「確かな観光者」という視点が重視されている。図Ⅴ－1は、「観光教育パルテノン」と称した概念図で、観光教育で培われる学びとそれを支える教科・領域等を筆者が神殿の柱になぞらえて整理したものである。社会のグローバル化が進展しつつある中で、訪日外国人観光客に地域の魅力を伝えるための外国語会話力やホスピタリティ・接遇はもとより、地域資源の魅力に気づき、観光価値に高める観光政策理解、企画立案・観光ガイドも育成したいところである（詳しくは、寺本・

澤編著『観光教育への招待』ミネルヴァ書房を参照）。

ところで、観光教育がほかの教育と異なる点は、観光客という他者の目線で自分の地域や自分自身を見直すところにある。ある意味で、観光地の魅力や観光客のニーズも類推するなど、マーケティングの基礎に繋《つな》がる。実業系の高校では令和4年度（2022年度）より商業科に新科目「観光ビジネス」が誕生するので興味のある方は文科省のホームページで商業科の学習指導要領を参照してほしい。そこには地理歴史科や公民科、外国語、総合的な探究の時間（以下、総合と略）との関連も示唆されている。しかし、多くの普通科の高校では観光に特化した教科目は設置されないため、観光を題材とした学びは、主に地理総合や地理探究、公共、総合等の時間を使って扱われることになるだろう。その場合、教育旅行の事前学習や事中の体験、事後学習は、観光教育にとって経験知が育まれ、観光事象への興味・関心を育てる下地となる。試みに、琉球《りゅうきゅう》大学の大島順子《おおしまじゅんこ》教授が「観光の教育力の構造化にむけて」『観光科学』第8号（2016年12月）、p.73〜86所収で設定した3つの観点（in,about,for）を援用し、教育旅行と観光教育の学びの関係性を捉えた表を以下に示したい。

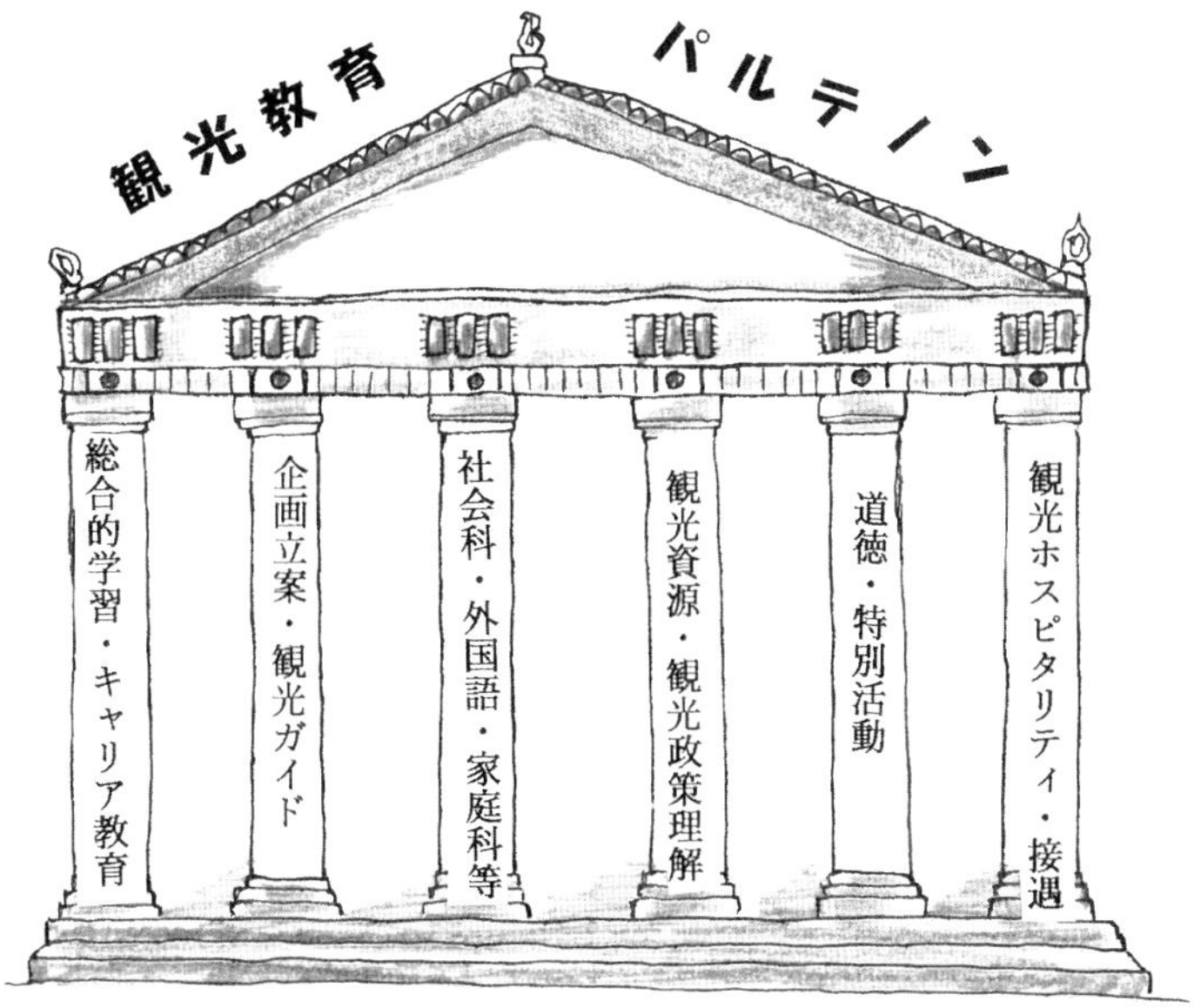

図Ⅴ－１「観光教育パルテノン」観光教育で培われる力
（概念図・筆者原図）

表Ｖ－１　３つの観点から見た教育旅行の特性と観光教育の学び

| ３つの観点から見た教育旅行の特性 | 観光客の目線に立つために | 持続可能な開発目標のために | 地域と自分の可能性に気づくために |
|---|---|---|---|
| **教育旅行先の地域の中で** **in** | 快適な観光地の実現と客層のニーズに応じた旅行体験の価値 | 地域の持続性につながる多様な観光体験の享受 | 旅行先の地域への愛着形成と教育旅行体験の享受 |
| **教育旅行先の地域について** **about** | 魅力的な観光内容の理解と観光事象についての知識の獲得 | 持続可能な開発目標に関連した訪問先の組み合わせ | 多様な観光知の獲得と旅行先の地域への深い理解 |
| **教育旅行先の地域と自分のために** **for** | 観光客にとっての発見や喜びが地域の持続的な発展となる姿 | 自然と文化の資源化と地域の持続的な発展を目指した観光 | 責任ある観光行動と旅行先との比較にもとづく地域貢献 |

この表は、ｉｎ（教育旅行先の地域の中で）とａｂｏｕｔ（教育旅行先の地域についての知識・理解）、ｆｏｒ（教育旅行先の地域の地域と自分のためにできること）の３つの視点から観光教育の役割を捉え、その教育学的な方向性を「観光客の目線に立つ」「持続可能な開発目標」「自分の可能性に気づく」という角度から学びの特性を筆者なりに整理したものである。荒削りであるが、教育旅行と観光教育の関係を考える上でヒントになれば幸いである。

## ２　ＳＤＧｓを視点に旅行先を訪問

『教育旅行』（２０２０年4月号ｐ．30〜31）で松田《まつだ》修一《しゅういち》参与が視察レポートとして紹介された北部九州でのＳＤＧｓに繋がるプログラムは探究型の学びとして大変注目できる。別府市にある立命館アジア太平洋大学の留学生と一緒にグループで鉄輪《かんなわ》温泉地を巡る協働体験活動で鉄輪エリアの「自然との共生を実現するための生活の知恵」をテーマに各ポイントを巡りながら様々なミッションに挑戦するという仕組みである。しかも英語で対話することが求められているため生徒の積極性も醸成《じょうせい》できるだろう。17の世界共通目標であるＳＤＧｓは課題探究型の学習へと誘う上で大切な切り口となる。観光教育としても持続的な観光の実現やレスポンシブル・ツーリズム（責任ある観光）が観光客の資質として求められつつあり、観光地に住む住民（ホスト）と観光客（ゲスト）の相互理解にもとづく地域の持続性が大事な時代に入ってきている。ＳＤＧｓを意識した教育旅行によって観光教育で培われる資質能力の下地がつくられるに違いない。

## Ⅱ　観光の仕事体験で培われる力

観光庁のホームページで「観光教育ノススメ」という約23分間の動画が視聴できる。筆者も作成に参画したので興味を抱いた方は是非、視聴願いたい。この動画に沖縄の小学生が外国人観光客にインタビューしたり、秋田の中学生がジオパークを案内したり、福島県の高校生が教育旅行の際に、観光の仕事体験に挑み、地元福島県をＰＲする場面も登場する。中学・高校生にもなれば、他県への教育旅行の機会を、単に視野を拡げるためだけでなく、自県と旅行先との比較を試みた課題解決学習に進化させても面白い。例えば、経営学でしばしば用いられる観光地の強み、弱み、機会、怖れの四つから気づきを出し合うＳＷＯＴ分析（表Ⅴ－２）や観光客の特性を二軸の価値軸で位置づけするポジショニング・マップを事前や事後学習で深めておけば教育旅行で得られる学びの水準が向上するだろう。この方法は小学6年でも思考できるので観光地への教育旅行を計画されている学校ではおススメの思考ツールである。

表Ⅴ－２　SWOT分析の記入表（佐渡市の場合）

□班　佐渡市の観光をＳＷＯＴで分析しよう

| 佐渡市の観光面での強み S | 佐渡市の観光面での弱み W |
| --- | --- |
| | |
| いま、考えられる観光のチャンス O | 佐渡観光の心配や恐れ T |
| | |

解説）佐渡市の観光面での強みは、何といっても金山・銀山やトキ（天然記念物）であるが、世界農業遺産もあることに触れた。一方、弱みについては、冬期のフェリー欠航や飛行場の未整備に気づけた。チャンスは、自治体あげて推進中の世界遺産指定に向けての動き、心配や恐れは、津波被害や大雪が書き出された。

## Ⅲ　観光ガイドで成長する中学生

教育旅行でバスガイドやハイヤー運転手、民泊先のご主人などから生徒たちは観光ガイドを受けるシーンがある。分かりやすく、テンポもよく、ときおりジョークも交えたガイドは、旅行者に旅の満足感を与える大事な要素である。教育旅行で体験するガイドはゲストとして受け身であるが、反対に自分たちが観光客にむけてホストとしてガイドに挑戦してみる経験は、生徒を大きく成長させることが以下の作文から判明する。これは佐渡《さど》市の中学校で実施されている部活として、伝統的建造物保存地区で観光ボランティアガイドに参加した生徒の作文であるが、学年の生徒の4割が参加を希望する意欲の高い部活となっている。観光ガイドという応答的な行為を介して初めて遇《あ》った方々とコミュニケーションを図る経験は、中学生や高校生という若者にとっても自己成長に大きく繋がるきっかけとなるだろう。

「どちらから来られたんですか?」「佐渡へは初めてですか?」「お車で来られたんですか?」「白山丸は、もうご覧になりましたか?」これは南佐渡中学校で毎夏部活として実施されている『宿根木《しゅくねぎ》観光ボランティアガイド』（教本・非売品）の一節である。夏限定の部活とはいえ参加希望者が多く3年間連続で挑戦する生徒もいるらしい。それほど生徒をポジティブに向かわせるのは、観光客との会話が自分を成長させる機会になっていることを実感しているからだ。ある女子生徒が卒業文集に書いた振り返りでは、「1つ目は、島外や外国の方々のお話を聞くことで自分の世界が広がり自分のためになると思いました。2つ目は、地元のことについて改めて知ることが出来たという点です。今まで知らなかったことを知ることで、そこからその地で生活してきた方々の想いなども見えてくるのでとても面白かったです。その想いを多くの人に伝えられる宿ボラは、とても素晴らしいと思います。」と綴《つづ》られ「観光の学び」で大きく成長できた自分を自覚できている。

筆者は、2009年頃から沖縄や高知県の小中学校に出向いて地元の観光事象を題材とした出前授業と思考ツール等の開発に努めてきたが、南佐渡中学校におけるこの教育活動は、単に郷土について詳しく学ぶというだけでなく「人に伝えることで習得する」という教育学的にも効果の高い結果を生徒にもたらしている。観光ガイドという行為は、コミュニケーション力を磨くだけでなく「地元のことを改めて知ることが出来た」と生徒が綴っているように佐渡学で学んだ知識の定着にも一役買っている。

ところで、わずか1日ではあったが佐渡島《さどがしま》を巡りながら金銀山関連遺産やジオパーク、歴史民俗、食、里山、トキなど多様な魅力が詰まったこの島に惹《ひ》かれている自分に気づいた。天気にも恵まれたせいもあるが、数々の絶景とも出会えた。「光を観る」と書く「観光」という文字は、中国の易経から採られている用語で有名だが、その文字の印象については年配の方々にとって未だ温泉と娯楽といった先入観に留まっておられる場合があり実に残念である。2019年現在、インバウンドによって観光が稼ぎ出す金額（4・5兆円）は産業別でも3位と高く、地方創生の切り札と期待されている。観光は既にあるものに磨きをかけるだけでも価値が見出されるため、地域振興の側面だけでなく教育方法論の点でも有効なジャンルなのだ。

また、観光は農林水産業や工業、情報、福祉、スポーツ、文化など各種産業の活力にも広く影響を及ぼすいわばビタミンのような役割を地域にもたらす。たとえば宿泊するホテルで出されるメニュー食材が佐渡産の農水産品であれば地場の産業を支えることに繋がる。そういった、産業間の関係に気づかせることも「観光の学び」の大事な役割なのだ。

島内の至るところで幟《のぼり》を見たが、佐渡は世界遺産指定に向けて自治体あげて取り組んでいる。また、小中学校の総合的学習において「佐渡学」と題したユニークな地域学習も展開されている。その題材に「佐渡の観光」や教育旅行先である会津若松市との比較研究なども盛り込まれ佐渡のよさや伝統文化の素晴らしさに気づかせるカリキュラムとなっている。つまり、教育旅行とふるさと教育が関連づけられていた。未だ検定教科書など公教育内容に「観光」が盛り込まれたことはほとんどないが、この佐渡島では総合的な学習の時間や社会科、外国語、国語科、道徳などとの横断的な学びで観光教育が花開くことが出来そうである。

# Ⅳ　ふるさとの魅力を価値にかえる観光の学び

## 1　いま、なぜ観光教育なのか

　2019年、インバウンド（訪日外国人）は年間3188万人に達した。消費額も4兆円を超え、産業別でも自動車、化学製品に次いで第3位に上昇。人口減少で悩む地方にとって観光は交流人口増を促す起死回生の策となっている。地方には魅力的な自然・文化遺産があり、ニッポンの魅力を下支えする要素となっている。しかし、これを創り出す人材が決定的に不足している。そこで、人材育成の観点も加味し観光の重要性を理解する学び（観光教育）が必要なのではないか。観光教育は娯楽のための行為を教えることではない。相手目線に立って地域の魅力を価値に高める方策を考えたり、外国語を駆使して訪日外国人と接する接遇（ホスピタリティ）を磨いたりと多岐にわたる能力が磨ける。その過程で企画力や統計や地図、画像処理などの各種技能、異文化への寛容《かんよう》性なども育める。これからは「学び旅」が旅行の醍醐味《だいごみ》になる。世界遺産や日本遺産、工場見学（産業観光）はまさに「学び」だ。知的な愉しさが感じられ、その土地が遺伝子のように持っている物語に感動し生きる実感が持てる。観光行動とは非日常が体験できる土地への移動を介して、その土地の光輝くよさを体得する健康的な行為である。国内外への旅行を愉しみ、併せて訪日外国人客との交流や観光まちづくりへの参画を人生の彩りとしたい。

　しかし残念ながら、現在観光を題材とした記述内容は『検定教科書』には皆無に近い。観光は国連でも定義されたように「平和へのパスポート」であり自然や伝統文化を保全し地域の経済発展にも寄与する。旅のチカラを信じて、地球大交流の時代に船出できる人材を学校でも育成したい。

## 2　観光庁によるモデル実践校

　2018年、初めて観光庁の事業でモデル校の選定が行われた。わずか2校（沖縄県の公立小学校と福島県の高校）に過ぎなかったが、多くの成果があがった。小学校を指導した筆者にとり印象深かったのは、那覇《なは》市国際通りでのインタビュー調査から戻ってきた

5年生が、やや興奮した様子で「最初はどきどきして外国人に話しかけられなかったけれど、練習した英語が通じたのはとても嬉しかった。」「みな観光客の人は優しく答えてくれた。」「外国人観光客は、暖かさ・海の美しさ、食べ物、買い物が訪問の主な目的みたいだけど、歴史や芸能などの魅力を理由にあげた人は少なかった。」とインタビューの愉しさと沖縄観光の課題も指摘できた点だ。さらに、参観していた観光庁の職員に対し「こんなにワクワクした授業は初めて！」と嬉しい知らせをしてくれた（写真Ｖ－１～４）。授業後、学級では「何が沖縄県の魅力か分かるようになった。」「地域で課題になっていることを解決するために行動したい」「将来、観光に関わる仕事をしてみたい。」と興味が継続した。

## 《写真資料》

写真Ｖ－１　韓国から来た観光客にインタビュー

写真Ⅴ－２　観光客の国別調べをシールで実施
（来訪目的を６分類した台紙にシールを貼り付ける方式）

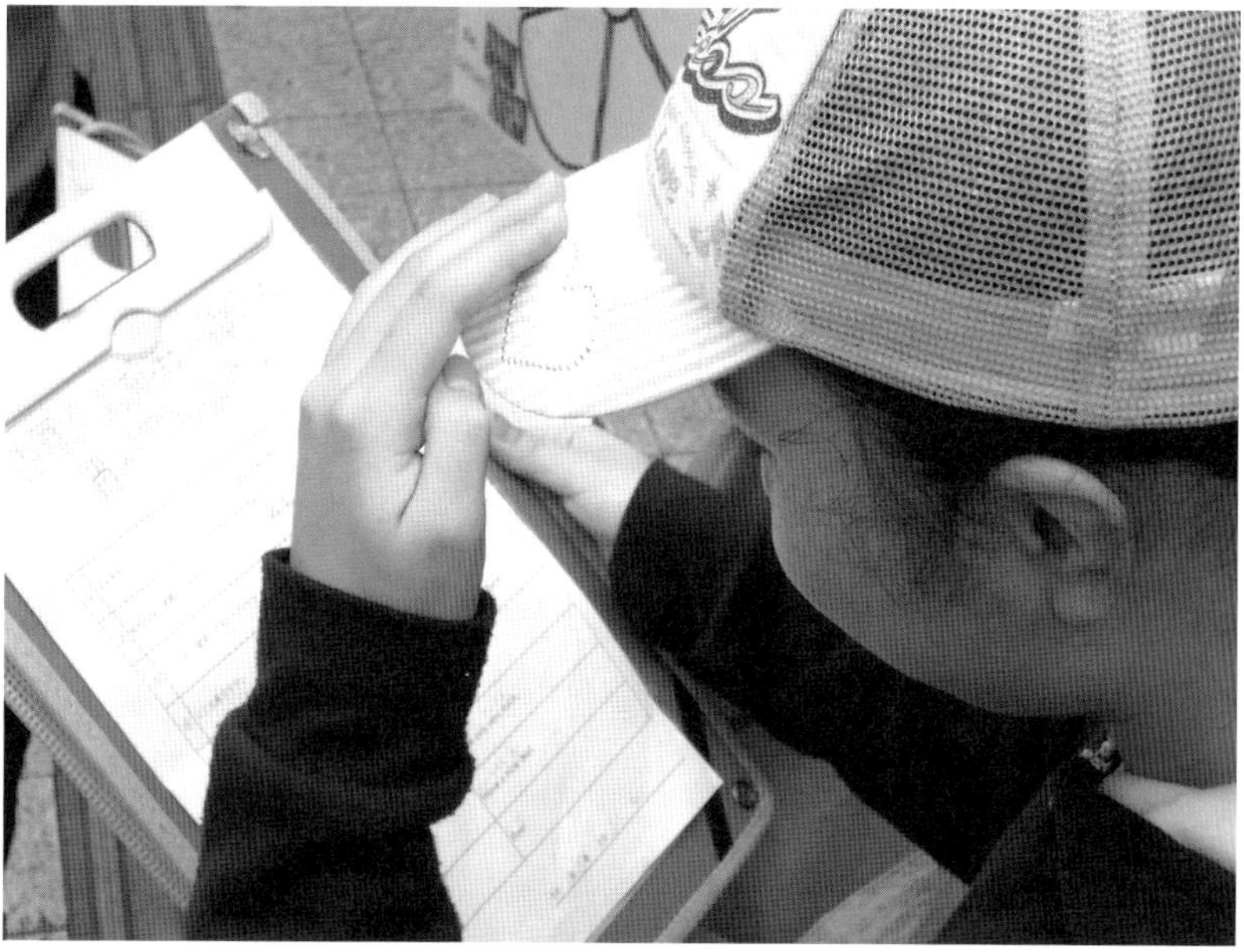

写真Ⅴ－３　英語でインタビューする手順を確認

写真Ⅴ－4　国際通りで外国人にインタビュー

ところで、1997年頃から筆者は、文科省科学研究費などを用い沖縄県や高知県、北海道の小学校に出向いて数時間の出前授業を実施し、観光授業の教材コンテンツや指導法の開発を試みてきた（詳細は寺本・澤編著『観光教育への招待』ミネルヴァ書房を参照）。観光を扱えば児童のまなざしが違う。函館《はこだて》市の小学校で出前授業をした際には「地域の産業を支える観光情報」（5年社会科）の単元で、大きな手ごたえを感じた。詳しくは、本書の第Ⅶ部を参照頂きたい。

### 3　思考ツールとPRポスターづくり

県の観光部局やコンベンションビューロー、民間旅行会社、出版社、地元の観光系サイトなどから多くの情報が発信されて各種産業が発展する姿をもっと児童に気づかせたい。農産品を紹介する情報サイトやパンフレットを分析させたり、観光列車や沿線イベント情報を扱いながら運輸・販売業の役割に気づかせたりする学びが想定できる。情報単元が産業を支える視点から多角的に捉えさせ、情報化の進展に伴う産業の発展や国民生活の向上について自分の考えを持つように促したい。ネット販売や広域医療サービスなども扱えるわけだが、筆者は観光こそ児童の興味関心を惹きつける題材になると考えている。

### 4　児童の受け止め

作文を1例紹介したい。

「この3日間、寺本先生が伝えたかったことは、これからの函館の未来は私達が支えていかなければならないということではないかと思います。1日目2日目は函館のパンフレットを見ましたが、自分が思っていたより函館の観光スポットはこんな所なんだ、日常の中であたり前などと思っていた事が観光客の人にとってはすごかったりとおどろきました。もう1つは、考えたり作ったりする力です。最後のパンフレット作りは観光客へ伝える事が出来たと思います。函館はこれから観光客にやさしい町、喜ばれる町を目ざして一歩一歩すすんで行きたいです。(5年男子)」

出前授業をやってよかったと思える作文を得た。

## 5　マーケティングの意味

観光は他者目線をいかに意識できるかにかかっている。いくら自分の住む地域の資源に対し、自信や誇りがあっても観光客に興味を持ってもらわないと来てくれない。観光資源が輝きを発するようになるためには、資源を価値に換える磨きとその観光資源へのアクセス(交通手段)、さらにサービス環境の3つが向上しなくては来てくれないのだ。周辺観光地との連携ももちろん大事である。つまり、売れるしくみ(マーケティング)が理解できる基礎的な能力が必要なのだ。筆者が担当している地理学や社会科教育関係の授業でもしばしばこの方面の視点を講義で扱っている。経営学にヒントを得たのだが、SWOT分析という観光地の強みや弱み、機会や怖れの4観点から分析する視点の重要性に気づかされた。先日も那覇市(小6)や高知市(中1)の学校でこの思考ツールを使い、グループワークに挑んだ。多角的な思考が必要になるため、班で考え合う場面をつくるようにした。那覇市の小学校では、沖縄観光の強みや弱みに関してハワイ州との比較で思考させたところ、予想以上に児童たちから優れた意見が飛び出した。高知市の中学校では、愛媛県との比較で県の観光の魅力や弱点を考えさせた。

架空の観光島の開発を地図で考え合う学びも開発した(第Ⅵ部で詳述)。これは、島の形をした島の地図の中にリゾートホテルを建設するとしたら、どの程度の規模のホテルをどこに建設したいか、を考え合うワークである。島の開発と環境保全との関係を思考させる意図で作成した。

## 6　観光部局と教育委員会の協同を

こういった教育の必要性に対して知事部局や観光団体の方々は、いずれも賛同して下さり、教育長クラスの方々や一部の学校長も総論は賛成とおっしゃる。しかし、具体的な単元開発や指導への手順づくりに至ってはなかなか前向きにはなって頂けない。それほど、学校教育の課題は山積で、新規の内容として盛り込もうとすれば「それは無理！」と言われかねないのだ。「観光教育？」また『〇〇教育』ですか！」と半ばお怒りにも近い反応を受けたこともある。でも、広い意味で観光の学びは、ふるさとの資源を見直したり他者を理解したりする寛容な心に繋がる。地図や統計のスキルも身につき、企画力や外国語会話、ホスピタリティも備わるため、いわば「新しいふるさと学習」と称してもいいだろう。これは過去8年間、延べ70時間もの観光授業の出前を体験した筆者の体験から明確に言える利点だ。学習成果の定着度を解説したラーニング・ピラミッドという図をご存じだろうか。学習で獲得した知識や技能は人の前で説明する機会を持つことが最も定着率が高いと指摘されている。その点、児童生徒たちによって、最終的に何らかのリアルな観光ガイド体験が持てれば、観光の学びは、大きく成果をあげることだろう。世界遺産に指定されたいくつかの自治体では中高生が既にガイド役として活動を開始している。

### 参考文献

寺本潔・澤達大編著『観光教育への招待―社会科から地域人材育成まで』ミネルヴァ書房、２０１６年。

# 第Ⅵ部　観光――その2：実践的な観光教育のための5つの教材コンテンツ

主体的な学びを実現し、実践的で効果をあげるために開発した観光教育の教材コンテンツを具体的に示しつつ、小中高の各段階で育てたい観光教育による能力目標を一覧する。地理認識は観光教育を主導できる豊かな下地となる。

## Ⅰ　問題の背景

　訪日外国人が国内で使ってくれた４・５兆円と日本人の旅行による消費とを合わせると観光で約25兆円近くのお金が使われている（観光庁：２０１８年度旅行消費動向調査による）。それに伴い販売や不動産などの都市開発、情報産業、ブランド農水産品も伸びている。いまや、観光は我が国の発展に欠かすことのできない産業に成長している。

　しかし一方で、教育界における観光を題材とした教育内容は皆無に近く、未だに修学旅行の準備学習としてしか認識されていない。ましてや観光業を担う次世代の育成や重要な産業としての認識は等閑視されたままである。例えば、観光題材に最も関わる小中学校の社会科教科書を開いてみても、小学校で自動車産業や農林水産業、情報産業などの記述が10数～50数頁《ページ》にわたるものの、観光業は一切触れられていない。中学校では地理的分野で北海道や沖縄県の諸地域学習の場面において、観光による地域変容などの紹介が１～２頁あるものの、観光業についての記述はやはり皆無である。公民的分野でさえ、観光まちづくりと人々の協力が描かれていない。観光業や観光の動向は社会のグローバル化や地域創生にも大きく関わり、国連の定義（観光は平和へのパスポート）でも平和の構築に寄与する魅力的なジャンルであるにもかかわらず、その意義が教育界では語られていない。早急に検定教科書への観光業や観光事象の記述増加を望むところである。

　理想的には学習指導要領に「観光による地域振興」や「観光業の重要性」が内容として書き込まれることが必要であるが、次の指導要領の改訂を待たずに、教科書内容に観光題材をもっと加えていく努力が各社の編集担当者に求められるのではないだろうか。社会科以外では、英語の教科書中に外国人の道案内教材が登場しており、とりわけ東京都が開発した教材『Welcome to Tokyo』（冊子体＋ＤＶＤ）に東京都内の観光地や観光資源が楽しい写真や動画で掲載されているのが注目される。さらに家庭科において、観光地で有名な郷土料理を扱ったり、音楽科で旅行先の国の音楽を、保健体育科でスポーツツーリズムを登場させたりすることくらいはすぐに工夫できる。

ところで、旅館やホテル業、土産物店、運輸業、観光協会、出版・広報等で働く方々にとって、観光業界を支える優秀な人材の育成はまったなしの状況ではないだろうか。一部には不足する観光業で働く人材（接客や受付、清掃）を外国人に期待する動きもある。人手不足を補う意味では有効な側面もあるかもしれないが、外国人スタッフだけでは、インバウンド需要を支えることができない。外国から日本文化や自然の美を堪能《たんのう》したくて来訪してくれる観光客に対し、浅薄な知識の外国人がお出迎えして果たして満足がいく日本旅を味わってもらえるだろうか疑問である。やはり、基本的には観光の重要性を認識でき豊富な観光知識を有した日本人スタッフが必要であり、世界水準の観光地として国や地域の発展に寄与してもらう人材の育成が急務ではないだろうか。特に、観光産業がリーディング産業である都道府県においては、観光題材を公教育で扱うことを避けては通れないはずである。今や、主要な国内観光地では販売や接客、観光ガイド、食材の提供、建設、観光協会業務などで多くの仕事が生まれている。ゲストハウスや民泊などの経営に乗り出す若者も多い。

高齢化に悩む過疎《かそ》地域では観光振興は起死回生の策となっている。加えて旅館やホテルのレストランで提供される食材を供給してくれる地元の農水産業にとって、観光は不可欠の需要喚起《かんき》だ。経済的には、観光による収入を軽視しては地方の持続可能性にも支障が生じるようになっている。

## Ⅱ　キャリア教育

ところで、観光業に携《たずさ》わる経営者ご自身が、仕事の社会的な意義や観光業の将来像に関して熱くお子様方に語っておられるだろうか。果たして産業としての観光業の役割について、子どもに憧れを抱かせるような説明はできているだろうか。我が国の学校で観光業についての確かな学びが行われているならば、後継者育成にもっと安心して取り組めるのではないか。観光業の次世代育成のためだけでなく、地域の持続可能な発展に観光が寄与している府県では「ふるさと教育」の発展形としても観光の学びは価値を持つ。観光の重要性に気づかせ人材育成に繋がる観光基礎教育が推進できれば、総合的学習や社会科等とタイアップし企画力や地域連携力、シチズンシップ（市民的資質）も育成できる。さらに、観光ガイド役体験や外国人観光客へのインタビュー体験で実践の機会を与え、児童生徒に効力感を味わわせることができれば、外国語に対する強い興味を喚起することができる。単に観光業発展のためだけの教育ではなく、国民の観光知の向上は、世界の平和に貢献できる自覚と日本の価値を高める主体的で対話のある深い学びへと繋がるだろう。

しかし残念ながら、教育界での観光業の位置づけは極めて弱く、総合的な学習でさえも観光を題材にした学びと観光基礎人材に繋がるキャリア教育（例えば、観光客へのインタビューや観光ボランティア体験）については、観光庁のＨＰ上での報告資料では、那覇《なは》市立開南小学校４・５年や秋田県鹿角《かづの》市の中学生の鉱山ガイドの事例や佐渡《さど》市宿根木《しゅくねぎ》集落ガイド、天草《あまくさ》市の世界遺産崎津《さきつ》集落の中学生ガイド、法政国際高校普通科の「旅する人の観光学」講座を代表例として、ごく一部の学校で展開されているに過ぎない（ただし、実業系の商業高校では観光科が全国で10数校ほど設置されており、新科目「観光ビジネス」の設置を目途に、専門的な教育実践が積まれつつある）。観光庁においても基礎的な観光教育振興の重要性は認識しており、既に２０１８年度よりモデル授業校の選定や公開シンポジウムの開催、啓発動画「観光教育ノススメ」のＨＰ上での公開などに着手し、公益社団法人・日本観光振興協会では観光副読本も作成されている。また、筆者が属する日本地理学会や日本地理教育学会などでも観光教育に関する研究集会を開くようになってきた。

しかし、肝心な観光教育コンテンツと指導法の開発は著しく遅れており、その教育効果さえ十分には立証されていない。それらを補う意味で、本稿では、筆者が過去7年間かけて開発した代表的な観光教材コンテンツを5例紹介すると共にそれらを実際に出前授業を通して実践的に試行した結果を報告したい。

## Ⅲ　観光題材への興味・関心を引き出す2つの教材コンテンツ

### 1　地域の資源を分類する『観光の6枚の花びら』

県や市域を想定の範囲として、児童生徒に「自県（市）の魅力を思い出し、具体的に訪れてほしい場所や観光資源はどのような場所や事物があるか『観光の6枚の花びら』ごとに考えてみましょう。」と教師から切り出し、図Ⅵ－1のようなイラストを黒板に描き、発言を引き出し線で書き出すという簡単なコンテンツである。例えば、筆者が2017年に那覇市立銘苅《めかる》小学校6年生を対象に実施した出前授業を例に考えると、自然の項目には、「サンゴ礁やヤンバルの森、鍾乳洞《しょうにゅうどう》」などをすぐに思い浮かべることができた。歴史の項目では、「琉球《りゅうきゅう》王朝を代表する首里《しゅり》城やグスク、沖縄戦の歴史」などが、生活文化の項目では、「ウチナー口（方言）や赤瓦の屋根、のんびりした生き方」などが、食の項目では、「沖縄そばやチャンプルー、パイナップル」が、イベント・祭りの項目では「全島エイサー祭りや那覇マラソン」などが、建物・施設の項目では、「リゾートホテル群や空手会館、国際空港」などの発言が児童から出てきた。県によっては、生活文化や建物・施設の項目がすぐに思いつかない場合もある。それは、その項目の魅力に気づいていない証しでもある。反対に6枚の花びらにそれぞれ複数要素が思い出せる都道府県は観光の魅力にそれだけ富んでいる。

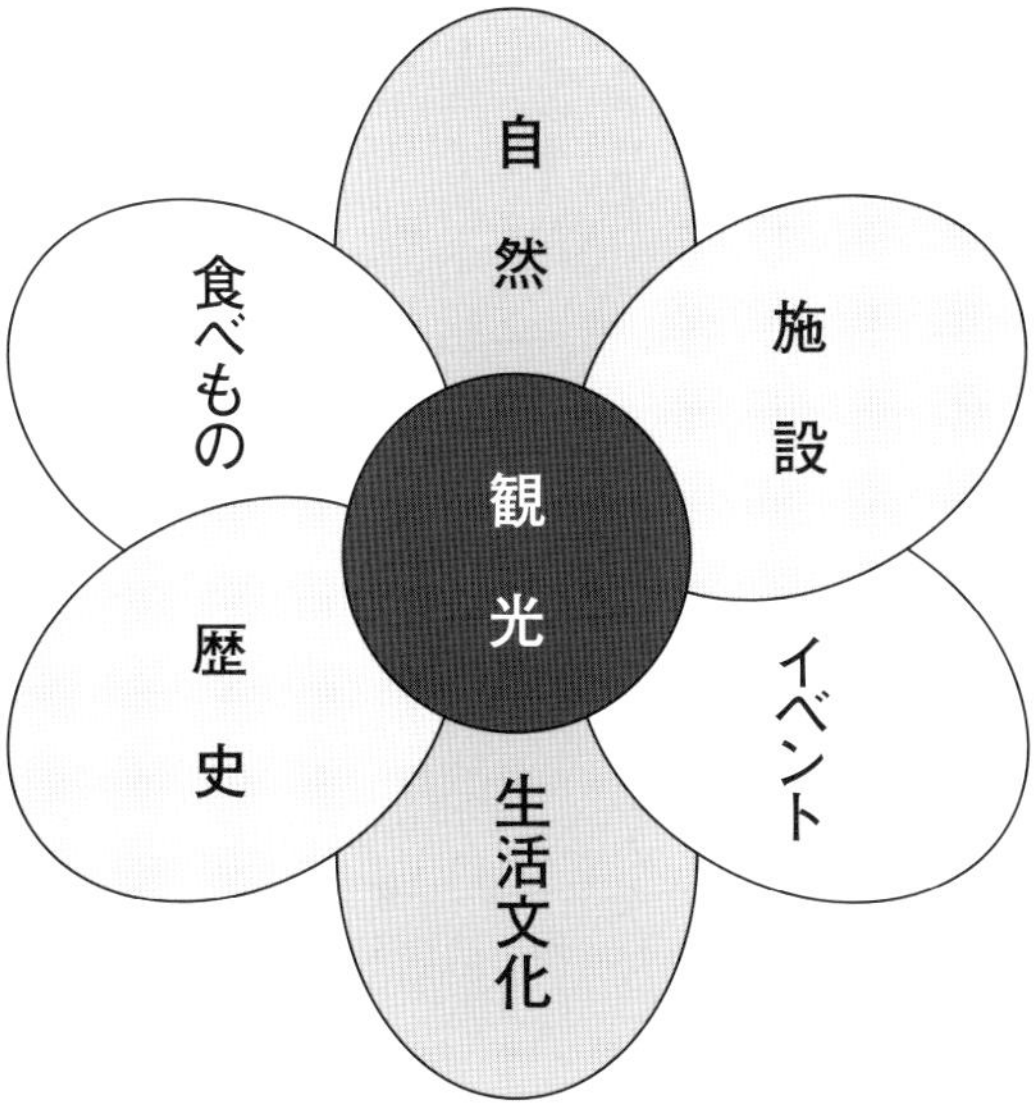


図Ⅵ－1　『観光の6枚の花びら』の概念図

## 2　地域の歩みがわかる観光開発の年表

２つ目の教材コンテンツは、地域の観光史である。観光がリーディング産業として地位を高めている県は、それなりに観光発展の歩みが導き出せる。残念ながら、都道府県ごとにまとめられた『観光開発史』が未だ見られないため自県や自市の観光開発の歩みを掘り起こすのは容易ではない。関係者への聞き取りや地元新聞に掲載された観光記事の渉猟《しょうりょう》、関係者からの聞き取り、郷土資料などから情報を収集し、自市や自県の観光開発の歩みを独自に教材作成する必要がある。試みに筆者が取り組んだ例として沖縄県石垣《いしがき》市の観光開発史調査や三重県鳥羽《とば》市の例をあげることができる。石垣市（人口5万人）は、八重山《やえやま》諸島の主島であり美しい川平《かびら》湾やマングローブ林、やし林、ミンサー織り、竹富島《たけとみじま》や西表島への玄関口として著名な観光地である。これまで、島の観光がどのように発展してきたかを扱った小中学校段階の授業は筆者の出前授業以前では実施されていなかった。過去15回の石垣島への訪問経験がある筆者にとってその点に関する素朴な疑問があったため石垣市立図書館の関係資料を大浜譲指導主事（当時）の協力を得て収集し表Ⅵ－1の資料を作成した。その結果、当時の助役であった故・牧野《まきの》清《きよし》氏（写真Ⅵ－1）の功績が大きかった点が浮かび上がってきた。

牧野氏が助役を務めていた１９６０年代は沖縄県が本土復帰を果たしていない時代であり、八重山地域の観光開発は緒《しょ（ちょ）》につき始めた時期である。本土からの団体客が初めて石垣島に来島することとなり、牧野氏は真っ先に八重山やしの群生地を案内しようと考えたという。そのころの南島イメージを代表する景観であるやし林を散策する道の整備を休日に役場職員や地元の協力者を得て実施した。浜から白砂（サンゴのかけら）を運び道に敷いた（牧野氏の自叙伝《じじょでん》による）。このエピソードを活用し、石垣市大浜小学校5年生むけに実施した出前授業では、「助役の牧野さんが、本土からきた最初の観光客を島の中のどこに案内しようと思ったのでしょう？」を主発問にした。こうした先人の努力を教材として学ぶことで地域固有の魅力や観光開発の大切さを学ぶことができ、観光開発に対するポジティブな態度を児童生徒に啓発することができる。また、那覇―石垣間のテストフライトを成し遂げた沖縄ツーリスト株式会社の創設者の一人である故・東《ひがし》良《りょう》恒《こう》（１９３０年石垣市大浜生まれ。１９９９年逝去）氏が地元石垣市出身である事実も提示したところ、児童は強い興味を示した。

一方、伊勢志摩《いせしま》で有名な観光地三重県鳥羽市においては、観光課で聞き取りをした結果、鳥羽観光の歩みがある程度判明した。市役所観光課がまとめた資料によれば、昭和25年春に開催された「真珠と海女《あま》の饗宴《きょうえん》鳥羽みなと祭りパールカーニバル」が人気を博したことが戦後の観光振興のきっかけとなったようである。その後、26年御木本《みきもと》真珠島設立、30年鳥羽水族館開館、31年鳥羽音頭レコーディング、33年岡山方面にキャラバン隊実施、45年近鉄鳥羽新線開通、48年海女４名同行による東北への宣伝キャラバン、52年鳥羽敬老パック旅行商品発売などの努力が積み重ねられている。鳥羽市の学校現場で出前授業は実施していないが、発問としては「当時の鳥羽観光の目玉は何だったのでしょう？」がよいだろう。真珠と海女という神秘的なワードこそ観光ＰＲには大事であったことが分かるからだ。

表Ⅵ－１　児童に提示した石垣島の観光の歩みを表した年表（筆者作成）

| 年 | 観光のできごと |
|---|---|
| 1955年 | 那覇－石垣間テストフライト |
| 1956年 | 初の民間航空機１日１往復　八重山観光絵はがき作製 |
| 1962年 | 米原のやし林遊歩道整備（牧野清助役の発案） |
| 1963年 | 八重山観光協会設立 |
| 1967年 | 南西航空　沖縄－石垣間就航 |
| 1973年 | 沖縄県本土復帰 |
| 1975年 | 沖縄海洋博覧会 |
| 1978年 | 小柳ルミ子「星の砂」ヒット記念公演 |
| 1980年 | 第１回ミス八重山選出 |
| 1981年 | 横浜、仙台などに向けて八重山観光宣伝隊派遣 |

地域の観光史とその教材化を通して地元への誇りや自信が育まれ、観光開発の歩みを伝える意義も生じる。こうした事実の掘り起こしを通して地域の特色を生かした観光振興への思いを共有させ、先人の努力なくして自県や自市の観光地は出来上がったのではないことを児童生徒に認識してもらうことが重要である。

写真Ⅵ－1　八重山観光の最初を受け持った牧野清元助役（故人）

## Ⅳ　多角的な思考を促す3つの教材コンテンツ

### 1　旅行商品を分類するポジショニング・マップ

観光教育固有のコンテンツとして観光マーケティングの基本を学ぶ内容がある。その代表例がポジショニング・マップと呼ばれる手法である（図Ⅵ－2）。例えば、沖縄県へのパッケージ・ツアーの条件を考えるため、代表的な6つのセグメント（観光客の客層）ごとで、どの位置の旅行商品が適しているかを2軸の図に位置づける思考ツールである。価格の安さ・高さと保養型・目的型の2軸の図に6種の客層のイラストカードを配置するワークを立案した。個人でなく班で考え合うと楽しい。6つのセグメントが書かれたカードを2軸のどのあたりに位置するかを考えて理由を述べつつ用紙の上に置いてみるのである。

念頭に置く視点は、①引き抜いたセグメント（客層）には、どんな属性があるのか（お金と時間のゆとり）②客層にはどんなニーズがあるのか（観光の目的）である。

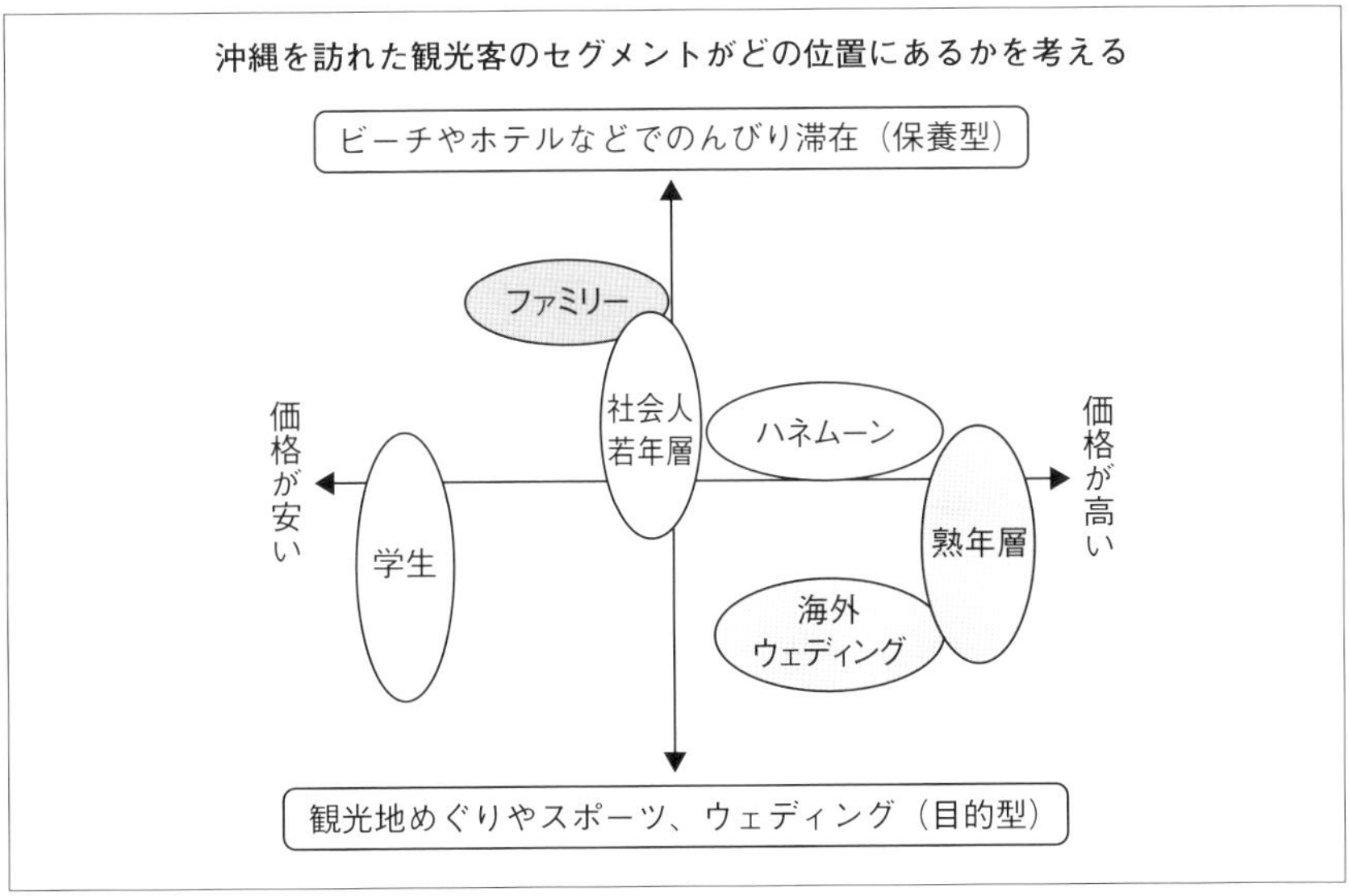


図Ⅵ－２　６つの客層ごとで適した旅行商品を考えるポジショニング・マップ

注）上図は、森下晶美「新版　観光マーケティング入門」（2016）同友館、p.232を参考にした。

設定した観光客層は以下の6種類である。児童生徒が想像する客層のイメージも付記した。

**★6つの客層**

**学生**：なるべくお金をかけずに、いろんな体験をしたいだろう。

**社会人若手層**：学生よりはお金に余裕はあるが、あまり旅行にお金をかけられない，仕事で疲れているので少しはのんびりしたいだろう。

**ハネムーナー（新婚さん）**：東京から来た新婚さん。一生に一度の思い出だからふんぱつして2人で満喫したいだろう。

**海外ウェディング客**：外国人（例えば韓国）なので沖縄という海外で挙式して2人の思い出づくりや両親への感謝を伝えたいだろう。

**ファミリー層**：金銭的に学生より余裕はあるが子ども連れだから、あちこち巡らずビーチでのんびりしたいだろう。

**アクティブ・シニア（熟年層）**：お金に余裕あり、アクティブに観光地巡りやゴルフ、沖縄の伝統芸能を楽しみたいだろう。

＊ワークに必要な時間は、25分。

写真Ⅵ－２　白地図を読み取り架空の島の観光開発の影響を考える児童

## ２　観光地の強みと弱みを思考させるＳＷＯＴ分析

次に教材コンテンツとして着目した手法が、経営学でしばしば用いられるＳＷＯＴ分析である。これは、観光地の強み（Strength）・弱み（Weakness）・チャンスとなる外部要因（Opportunity）・怖れ（Threat）の4観点から経営分析する方法であるが、小学6年以上の学齢では思考可能と感じた。那覇市の小学6年や高知市の中学1年で実践した授業でも十分児童生徒は思考できた。箱根町の玄関口である湯本《ゆもと》小学校6年で実験的に授業を行った場面で児童が書いてくれた例を紹介しよう（表Ⅵ－2）。大涌谷《おおわくだに》での火山活動への懸念《けねん》なども思考の結果気づいている。児童の親の多くが観光業に従事している地域であるため、この種の学習はもっと公教育で行われるべきではないだろうか。

## ３　架空の島の開発問題を思考させる白地図

以上、計4つの教材コンテンツを紹介してきたが、5つ目は白地図という題材を用いたオリジナルなワークを開発した。これは架空の観光島（島の形を描いた）

表Ⅵ－２　箱根町立湯本小学校６年学級で用いたＳＷＯＴ分析への書き込み一覧

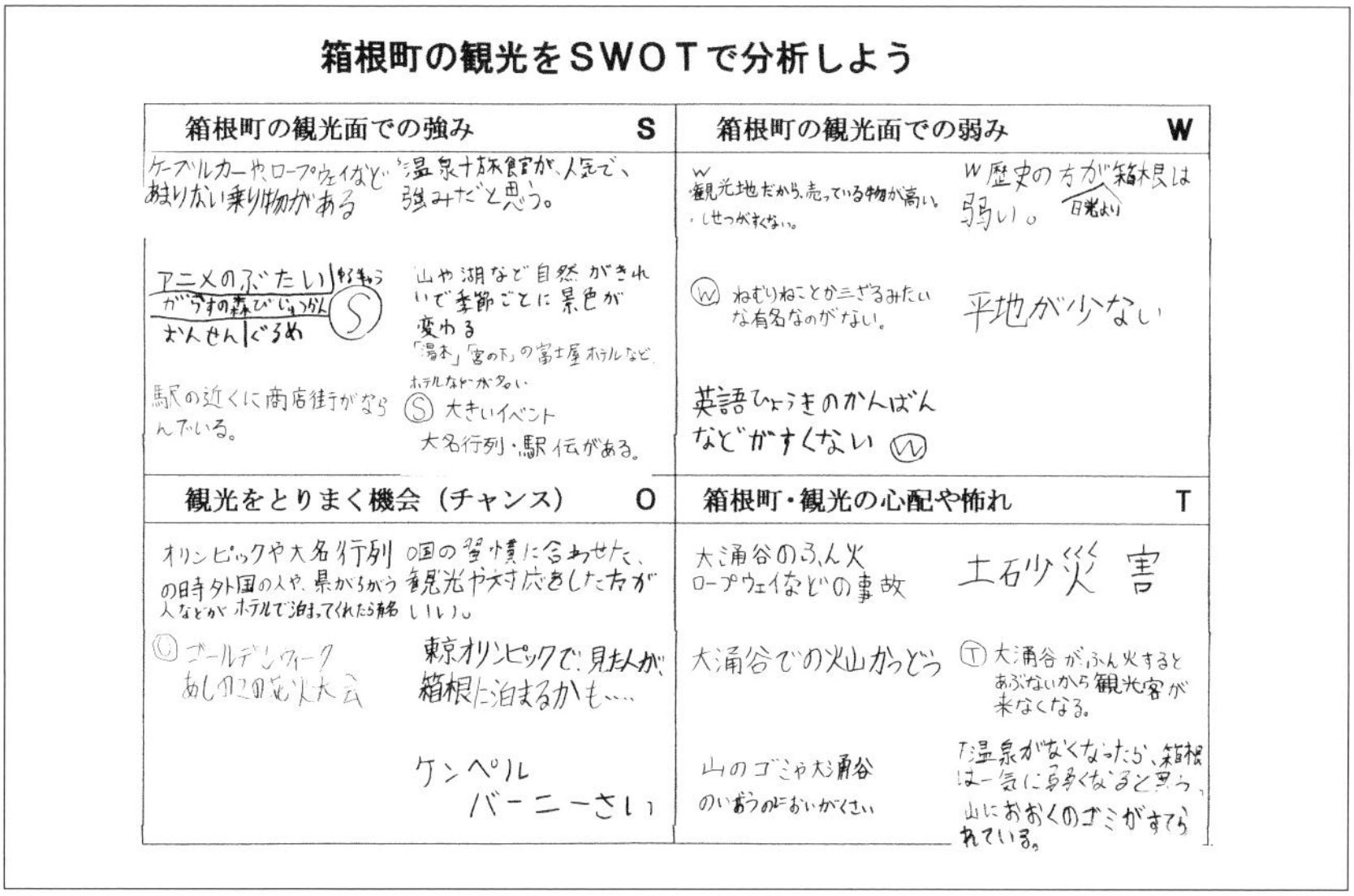

箱根町の観光をＳＷＯＴで分析しよう
箱根町の観光面での強み　S
ケーブルカーや、ロープウェイなどあまりない乗り物がある
温泉＋旅館が、人気で、強みだと思う。
アニメのぶたい
がらすの森びじゅつかん
おんせん
ぐるめ
山や湖など自然がきれいで季節ごとに景色が変わる
「湯本」「宮の下」の富士屋ホテルなど、ホテルなどが多い
駅の近くに商店街がならんでいる。
Ⓢ 大きいイベント 大名行列・駅伝がある。
箱根町の観光面での弱み　W
W 観光地だから、売っている物が高い。
・しせつがすくない。
W 歴史の方が箱根は弱い。
日光より
Ⓦ ねむりねことか三ざるみたいな有名なのがない。
平地が少ない
英語ひょうきのかんばんなどがすくない Ⓦ
観光をとりまく機会（チャンス）　O
オリンピックや大名行列の時外国の人や、県がちがう人などがホテルで泊まってくれたら有名
国の習慣に合わせた、観光や対応をした方がいい。
ゴールデンウィーク
あしのこの花火大会
東京オリンピックで見た人が、箱根に泊まるかも…
ケンペル
バーニーさい
箱根町・観光の心配や怖れ　T
大涌谷のふん火
ロープウェイなどの事故
土砂災害
大涌谷での火山かつどう
Ⓣ 大涌谷がふん火するとあぶないから観光客が来なくなる。
山のゴミや大涌谷のいおうのにおいがくさい
温泉がなくなったら、箱根は一気に弱くなると思う。
山におおくのゴミがすてられている。

解説　付箋に記入された意見の代表的なものとしては、有名温泉地である箱根湯本が学区の小学6年生であったため、観光事象に対しては関心が高く、予想以上に具体的な書き込みを得ることができた。

にリゾートホテルを島のどこに建設するとしたら、どのような規模のホテルを島のどこに建設したいか、またその結果、どのような影響が島にもたらされるかを考えさせる地図ワークである（図Ⅵ－3）。沖縄県で実施した教材であるため、サンゴ礁で囲まれた島の環境について本土の児童生徒よりも関心度は高いと予想される。

このような自然環境と観光開発との関係を思考させるコンテンツは、観光教育固有の題材であり、英国などでは地理の教科書で既に取り入れられている。今後、観光公害（オーバー・ツーリズム）問題などが顕著になる自治体では、積極的にこうした地図ワークを導入し、思考水準の高い観光市民を育成する必要がある。自然環境保全をベースに思考できることで持続可能な観光が実現でき、観光客個人には「責任ある観光」の担い手としての振る舞いが求められるのではないだろうか。

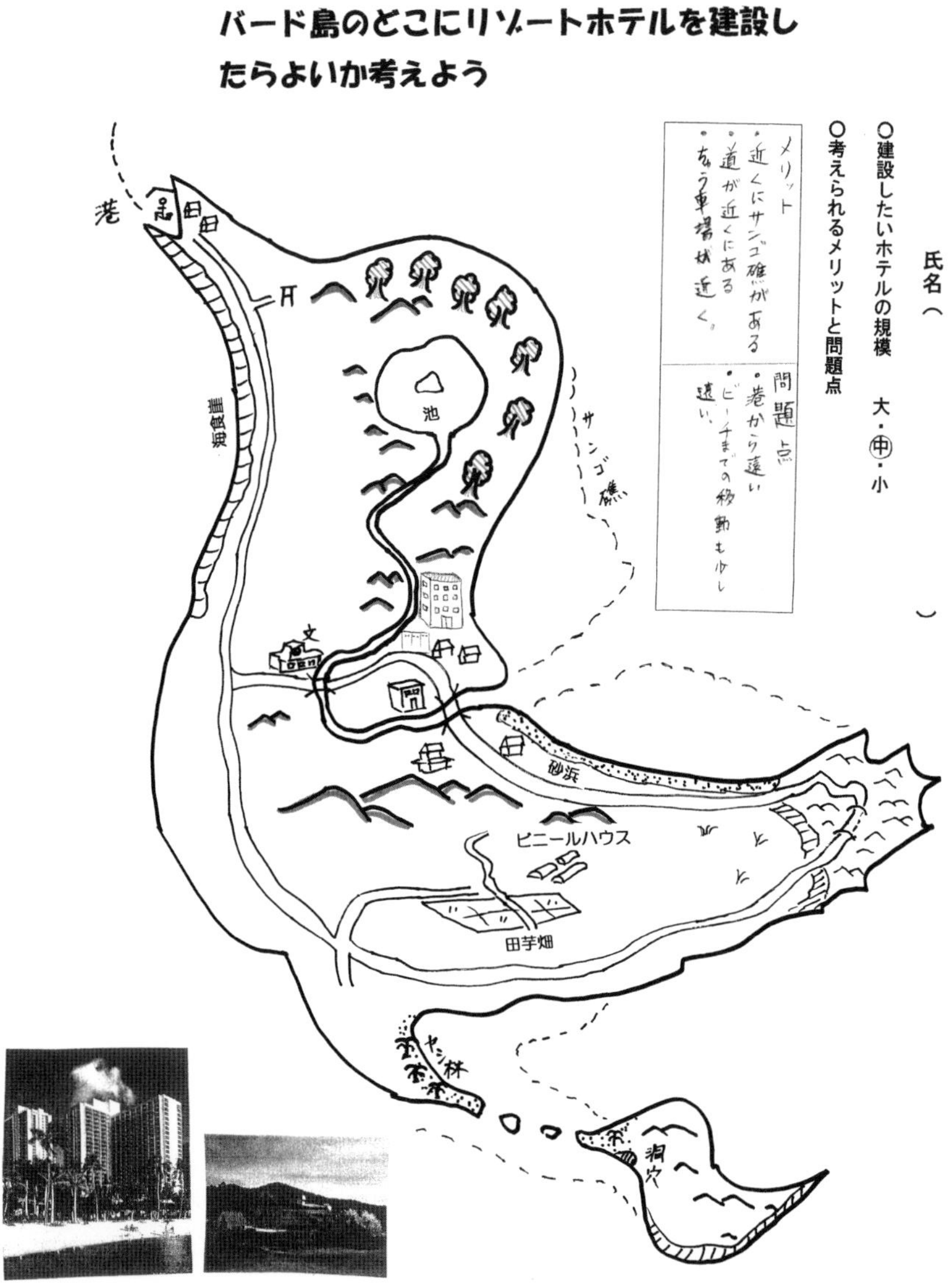


図Ⅵ－３　架空のバード島のどこにホテルを建設すべきかを考える白地図（筆者原図）

注）図中の書き込みは、那覇市公立小学校6年児童の例

表Ⅵ－３　小中高校の各段階の観光教育で育てたい能力一覧（筆者私案）

| 区分 | 小学生期（４年～） | 中学生期 | 高校生期 |
|---|---|---|---|
| 特徴 | 主体的な行動、身近な地域社会や環境への興味や郷土愛を通して、観光者としての素地の形成が望まれる時期 | 興味や行動の範囲が広がり、権利と責任を理解し観光事象の動向や課題解決方法の理解、観光現象へのまなざしが培われる時期 | 自己と観光事象との関係を深め、観光の社会的な重要性を理解し市民的資質を備えた確かな観光者として判断が望まれる時期 |
| 知識及び技能 | ・日本や自県,自市の地理的歴史的な観光価値を学び、それらの発展にとって観光は大きな役割を果たしていることを理解できる。<br>・写真や地図、統計を読取り観光事象を適切に解釈することができる。 | ・世界や日本の観光動向と産業としての観光業の特性を理解できる。<br>・日本や自県、自市に関する観光事象の現状と変化を理解するため、写真や地図、統計、時刻表など各種資料を活用することができる。 | ・観光地が発展してきた歩みを理解し、観光地の発展には交通、サービス、資源管理の三者が重要であることを理解できる。<br>・ＩＣＴ活用の技能を高め、写真や動画、アートなど多様な情報メディアを活用することができる。 |
| 思考力・判断力・表現力等 | ・観光業の展開や観光資源の保全は多様な産業や社会の仕組みと関わりながら営まれていることを考えることができる。<br>・仲間やゲストと対話しながら、よりよい観光の在り方を思考し、観光地に関するガイド文（簡単な英語での紹介を含む）やコラージュ作品、ビデオクリップに表現することができる。 | ・観光振興には自然,社会,経済,文化が調和を保ちながら発展することが不可欠であることを考え合うことができる。<br>・仲間やゲスト（含、観光業の専門家）と対話しながら、持続可能な観光の在り方をSWOT分析などを介して思考し、基礎的なマーケティングの視点から観光振興について自分なりの意見を適切に表現できる。 | ・地理総合や公共、総合的な探究の時間で学ぶ機会に世界や日本の観光の在り方を思考し、観光振興と環境保全の間に見出せるジレンマや近未来の観光業や観光地の姿について考え合い、適切に解決策を判断できる。<br>・仲間やゲストと問題意識を共有し、プロジェクトベースの学習に基づき観光問題の解決策をプレゼンできる。 |
| 主体的に学習に取り組む態度 | ・観光事象の楽しさや観光業で働く人のやりがいに関心を抱き、進んで自県や自市、自国の観光資源や観光振興、観光業に関心を持とうとする。<br>・持続的な観光について興味や関心を高め、自分も地域社会の一人として何らかの役割りを担おうとする。 | ・観光事象を見つめる多角的な「観光のまなざし」を獲得し、進んで自国や自県、自市の観光振興や観光業の動向や役割りに関心を持とうとする。<br>・持続的な観光について興味や関心を高め、自分も国際社会や地域社会の一員として何らかの役割を担おうとする。 | ・観光地が抱えている諸問題（例:オーバーツーリズム）に関心を抱き、進んで国や自県、自市の観光課題の解決に向かおうとする。<br>・グローバルな視野から持続可能な観光や責任ある観光の大切さに気付き、確かな観光者としての対人関係や語学、企画力等の資質を磨こうとする。 |

## V　小中高校における観光教育で育成したい能力

### 1　観光教育の系統性

以上、筆者が開発した5つの代表的な教材コンテンツは小学校第4学年以上の小中学校において用いることができる。発達段階に見合う内容としては「観光の花びら」は確かに小学生向けの内容と言えるが、高等学校（進学校）で実施してみた場合でも小学生からの意見とあまり大差なかった。高校生といえ、地元であるため観光資源については取り立てて意識せずに高校まで進学してきたせいもあり、自県や自市の観光資源の知識は曖昧なままであった。その点、ＳＷＯＴ分析はやや難しく、中高生にオススメの思考ツールである。しかし、ハワイ州との比較で沖縄県のＳＷＯＴ分析を那覇市内の小学6年生に行った出前授業では、見事に児童は意見を導き出すことができた。おそらく比較の対象を置くか否かでも思考の深まりが異なってくると言えよう。架空の島の白地図ワークも小学校高学年以上のどの段階の学習者でも実施可能である。島だけでなく、狭い路地のある旧市街地、人口の少ない過疎の村などを事例に白地図化して開発問題を思考させることも有効であろう。

これらの傾向から、筆者なりに観光教育で育つ能力を新しい評価規準に即して立案し、さらに小中高校生期の3つの発達段階を想定し系統性に配慮してみたのが、表Ⅵ－3である。荒削りな面は残っているが、現時点で観光教育の資質・能力育成を系統的に言及した論文が見当たらないため、一定の意義はあるものと思われる。ご批判頂ければ、幸いである。

### 2　地域の魅力を価値にかえる能力

観光教育はふるさと教育を単にグローバル化したものではない。ふるさとへの愛着と誇りはもちろん醸成《じょうせい》されなくてはならないが、地域の歴史や偉人、地名に詳しいだけでは地域産業の衰退や自治体間の統廃合が進む中で、かえって知識が活用できず浮遊するだけである。例えば、北海道という観光地の魅力を例に検討してみたい。本州に住む者として北海道の持つ広大な自然と魅力的な食、アイヌ文化は観光価値として真っ先に浮かんでくる。道民の次世代である子どもたちも北海道に多くの観光客が来ている事実は知っているものの、道外の人から説明を求められた場合、案外その魅力を客観的に表現できないものである。発言として出てくる観光地や観光資源はメディアで見聞きした紋切り型の情報にとどまり、北海道が持つ風土の魅力（テロワール・Terroir）が語られない。また、雪の魅力も児童にとっては、あたり前の事象と映っており札幌《さっぽろ》市などで冬季に気軽に家族で楽しめるウィンター・スポーツや雪遊びそのものが観光資源であることに気づいていない。筆者が２０１８年、札幌市内の小学４年児童に対して「観光資源として見るアイヌ文化」の出前授業を行った際にも、アイウシ・モレウのアイヌ文様の美しさに初めて気づいたようであった。また、道東や道南に旅したことのない児童も多く北海道という単位を丸ごとつかむことができず、「ほっかいどうがく」の推進にとっても課題が残った。

　一方で観光は地域の魅力を一種の価値に高めなくては資源として活用できない世界である。たとえ山奥に美しい紅葉スポットがあっても屈強な登山家しか見ることのできない場所であったなら、そこは観光地とは言えない。交通路の整備や紅葉スポットを楽しめる展望台の設置、観光情報の整備、紅葉だけに頼らない通年の楽しませ方の立案などの工夫がどうしても必要になってくる。そうした問題解決の学びこそ観光教育しかできない固有の学びといえないだろうか。

　観光の魅力の大きな要素として食があげられる。い

写真Ⅵ－３　アイヌ文様を色紙で切り抜く児童

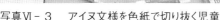

わば特産物である。これも地元で食されている味わい深い食材や料理がいくら有名であっても即、観光商品とはならない。商品化にはマーケティング戦略が必須で、果たして来訪者の味覚に合うか、来訪者が一度に食べる量的に適切な食材はどれくらいか、ネーミングの工夫や食の背景に横たわる物語、通年もしくは一定期間同じ味を確保できるか、そして適切な価格の設定や販売網など検討すべき課題は山ほどある。これらの複雑な課題や問題の解決には高校生くらいならば挑戦できる。高校で始まる「総合的な探究の時間」は本来、そうしたリアルな問題解決の場にしたいものである。しかも、現代はＳＤＧｓ（国連の持続可能な開発目標）が重視され、産業界もこぞって旗印として掲げている。観光業も当然このゴールに無関心でいてはならず、持続可能な観光や責任ある観光をキーワードに発展できなくてはならない。

欧州においても２０１６年に持続可能な観光に向けての欧州観光の指針が作成されている。そこでは、増え続ける観光入込客への適切なマネジメントと社会、文化、経済、環境のインパクトへの対応策が27の指標として策定されている（European Union：2016）。我が国においても、欧州同様の問題が顕在化しつつある。また、先に挙げた食の商品開発にも伝統文化維持、里海や里山の保全、労働環境の改善、食材ロスの回避などが問題視される。観光を題材とした学びを通して実社会に生きて働く能力が身につく機会となる。そうした意味で、地域の魅力に気づかせ、それを観光客といった他者目線で意識させつつ、「魅力を価値に高めていく学び」を通して様々な知識や技能、思考力・判断力・表現力が獲得できる。今後、さらに教材の整備や教育方法論の検討を進めていく必要がある。

## Ⅵ　観光の基礎人材育成への期待

前述したように現時点では教科書への記述が皆無に近い観光業であるが、既存の単元でも導入できる箇所がある。例えば、小学校社会科第４学年の単元「わたしたちの県の様子」に位置づく、伝統工芸品の扱いがあげられる。教科書には数頁《ページ》を使って伝統工芸品である焼き物や織物、木製品などの生産工程や技術の継承《けいしょう》の大切さが解説されているが、観光商品としての扱いは不十分だ。現実には工芸品の多くは一部の年配の富《ふ》裕層《ゆうそう》や外国人観光客の購入で支えられており、小学生を持つ若い親の家庭ではほとんど購入されていない。つまり伝統工芸品が子どもや若者の世界では縁遠いものとなっている。

筆者が指導助言した社会科授業で工芸品の大切さに気づかせるため、子どもたちに向かって「皆さんを含め日本人が買わない・使わないなら、もう伝統工芸品は無くなってもいいんじゃないか?」と思い切った切り込み方で「ゆさぶり」を試みたことがあった。第5学年の農業単元でもブランド米や日本酒、リンゴや柑橘《かんきつ》類は観光資源に高まっていて、旅番組で紹介される大半の特産品は観光商品と言える。農水産物の生産も販売あっての工夫である。観光農園や魚広場での水産加工品販売など、観光客が何を求めているかをもっと社会科で扱うべきであろう。情報の単元でも新聞やテレビの仕事は扱っても様々な観光情報が多様な産業を活性化している実態は教えられていない。小中学校のいずれの普通教育段階でも観光客のニーズやマーケティングの基礎さえ扱われていないのが現状である。せめて、北海道や沖縄県のように観光がリーディング産業である県では観光教育を意識的に推進し次世代育成に向かわないと当地の観光産業の将来が危ういのではと懸念している。観光教育の重要性を観光界あげて訴え、地元の教育界に向けて観光業に関する内容を扱うよう働きかけてはいかがだろうか。我が国が観光先進国へと発展するために優秀な人材がこの業界に集まってくる必要性については、誰しもが賛同して下さると思われるが、その具体的施策については未だほとんど動きがない。ようやく２０１７年から観光庁観光産業課で観光教育推進のためのささやかな予算がつき、プロモーション動画「観光教育ノススメ」が作成されたに過ぎないのである。

欲を言うなら観光業は地域色も強く現れるため、各地のDMO(Destination Management Organization の頭文字の略。当該地域にある観光資源に精通し、地域と協同して観光地域づくりを行う法人のこと)が地域の観光基礎人材育成に関与してほしい。先進的な試みでは、沖縄観光コンベンションビューローが63頁カラーの小学生向け『観光学習』副読本を編集し県内の小学校に無料で配布している。また、小中学校現場に観光の専門家が出向いて「未来の産業人材育成事業」として観光業の大切さや面白さを直接子どもたちに伝えている。将来のわが国の観光業の発展を期待するのであるならば、市や県の教育部局に観光教育推進の必要性を分かってもらえることが大事であろう。観光は裾野が広い業種のため各種の産業によい影響を及ぼす。弱点は相手あっての産業である。日韓問題により、韓国と日本の間に横たわる観光客激減の問題はいうまでもなく、東日本大震災の直後や新型コロナウイルス拡大によっても観光需要が冷え込んだ。そうした政治や災害リスクこそが観光の最大の敵なのである。これらのリスクや制約にも打開策を模索できるレジリエンスの強い人材は簡単には育たない。観光基礎教育の本格的な展開を期待するところである。

**参考文献・発表順**


創立45周年記念誌編集委員会『創立45周年記念誌』沖縄ツーリスト株式会社、２００４年、p．２３１．

森下晶美編著『観光マーケティング入門』同友館、２００８年、p．１６５．

深見 聡著『ジオツーリズムとエコツーリズム』古今書院、２０１４年、p．１９７．

Hawaii Tourism Authority (2015): Vision 2015,Tourism Workforce Development Strategic Plan The Journey to Excellence. pp. 1-15.

寺本 潔 自県の資源と世界遺産の価値に気付く小学校社会科・観光授業、『玉川大学教師教育リサーチセンター年報』２０１５年、第5号、p．33～44．

寺本潔ほか 小学校からの観光基礎教育のモデル授業構築に関する研究―沖縄県を事例に―．『玉川大学学術研究所紀要』２０１６年第21号、p．１～18．

European Union (2016): The European Tourism Indicator Systen-ETIS toolkit for sustainable destination management. pp. 27.

田本由美子・寺本潔『資源はっけん！観光学習―沖縄県石垣市立石垣小学校4年の実践を中心にして―』日本離島センター平成27年度離島人材育成基金助成金報告書、２０１６年、p．１～32．

寺本 潔・澤 達大編著『観光教育への招待―社会科から地域人材育成まで―』ミネルヴァ書房、２０１６年、ｐ．１６５．
大島順子 観光の教育力の構造化に向けて．『観光科学（琉球大学）』２０１６年第8号、ｐ．73〜86．
寺本潔著『教師のための地図活―地図帳・地球儀・防災・観光の活かし方』帝国書院、２０１７年、ｐ．77．
寺本潔 島の栽培植物と寺院の観光資源としての価値に着目した学び―沖縄県石垣市の小学校4年生への出前授業を通して―．『論叢（玉川大学教育学部紀要）』２０１７年第17号、ｐ．37〜61．
寺本潔 小学校における観光を題材とした学びの現状と課題―札幌・対馬・石垣の3市への現地調査をもとにして―．『論叢』（玉川大学教育学部紀要）２０１８年第18号ｐ．１６５〜１８４．
村田和子著『家族旅行で子どもの心と能がぐんぐん育つ旅育ＢＯＯＫ』日本実業出版社、２０１８年、ｐ．１９０．
深見聡『観光と地域―エコツーリズム。・世界遺産観光の現場から―』南方新社、２０１９年、ｐ．１１０．
寺本潔 若者が憧れる観光業へ―ＤＭＯに託したい観光教育支援―．『旬刊 旅行新聞』２０１９年11月11日号、4面掲載記事。

## コラム　観光ガイド体験の教育的効果

人前で観光ガイドをする体験は、中高生にとって緊張する瞬間である。多くの場合、観光客は中高生の説明に対し、好意的な態度で聞いてくれる。初めは上手く言葉が出てこないが、繰り返しガイドする内に流暢に話せるようになる。客との打ち解けた関係も生じ、中高生にとっても自信が持てる経験になる。人は説明を求められた際に、初めて詳しくは知らない自分に気づくものである。そのため、観光ガイド体験はふるさとの理解を深めるきっかけにもなる。英語や中国語を駆使して説明できれば、インバウンドにも対応できる。

観光客の前で世界遺産の価値をガイドする中学生（熊本県天草《あまくさ》市崎津《さきつ》にて）

# 第Ⅶ部　観光――その３：観光産業を支える情報の働きの授業

## ―函館市弥生小学校５年生への出前授業を通して―

地域の観光産業を支える情報の役割にアプローチしたＩＣＴ（情報通信技術）活用の授業を紹介する。人気観光地である北海道函館市に住む小学生が取り組んだ観光の学びから、地域の観光振興を担う次世代をいかに育んでいけるかを論じる。

## Ⅰ　地域ブランド力、全国No．1の自治体

2009年度から始まった都道府県の地域ブランド調査（ブランド総合研究所）で2019年まで通算6度も第1位を獲得した魅力的な市区町村として選ばれたのが、北海道函館《はこだて》市だ。函館市は、自然・食・街並み（歴史）の3拍子そろった多彩な観光都市である。鎖国から開国した幕末の日本にとって、北の玄関口であった。ペリー上陸地点や函館山、擬洋風建築の街並みやレトロな金森《かねもり》赤レンガ倉庫、最後の侍ともいえる新選組の土方歳三《ひじかたとしぞう》が戦った五稜郭《ごりょうかく》、そして豊かな海鮮の食（朝市）が魅力である。また、東京以西の都市部に住む者にとって、数日間のちょっとだけ寒い旅体験は坂道から眺める港、函館山（標高334m）からの夜景、街のイルミネーションなどと相俟《あいま》って宝箱のような煌《きら》めきに富んでおり、新幹線の開通（新函館北斗駅）も追い風となり多くの観光客が押し寄せている（写真Ⅷ－1）。2015年1月5日に市から公表された数字では、平成28年度上半期（4月～9月）だけでも前年比14・1％増の366万5千人の観光客が来訪している。

この地に生まれ育つ児童にとって、この数字は誇らしいことだろう。しかし、「どうしてたくさんの観光客が函館市にやってくるのか説明して下さい。」と問えば、紋切り型の回答しか返ってこない。地元の児童だからといって、観光客の目線で函館の魅力を十分に理解できているか、客層に応じた観光のニーズが類推できるか、観光産業の具体的な仕事を知っているか、様々な観光情報と観光産業の関係をつかんでいるかと問われたら、答えに窮《きゅう》するに違いない。

小学校学習指導要領の「社会」で情報の単元は5年に配置されているが、産業を支える情報の役割を視点に合計6時間に及ぶ筆者による出前授業が函館市弥生《やよい》小学校（児童数187人）において展開できた。出前授業を快く引き受けて頂いた当時の沢田慶一校長、担任の林望両先生に心よりお礼申し上げたい。

## Ⅱ　出前授業の指導計画

立案した学習内容は次の通りである。1時間目は函

館や道南を巡るおススメ観光プログラムを筆者が考案した「観光地＋動詞」のフレーズでつくるワーク。2時間目は『函館旅時間』という地元の観光パンフレットの読解。3時間目はタブレットを使い、北海道庁と函館国際観光コンベンション協会、赤レンガ倉庫のサイトを検索して、どのような観光情報が掲載されているか、障がい者や乳幼児連れのお客さん対応、冬季の履物などへの注意、観光客の立場に立った情報はないか等確認（写真Ⅶ－2～4）、4時間目は客層に応じた旅行のタイプ分けを2軸シートの上で思考（図Ⅶ－1）。5・6時間はB5サイズの白紙に観光客誘致のメッセージを書き貼り合わせるという流れで展開した（写真Ⅶ－5～8）。

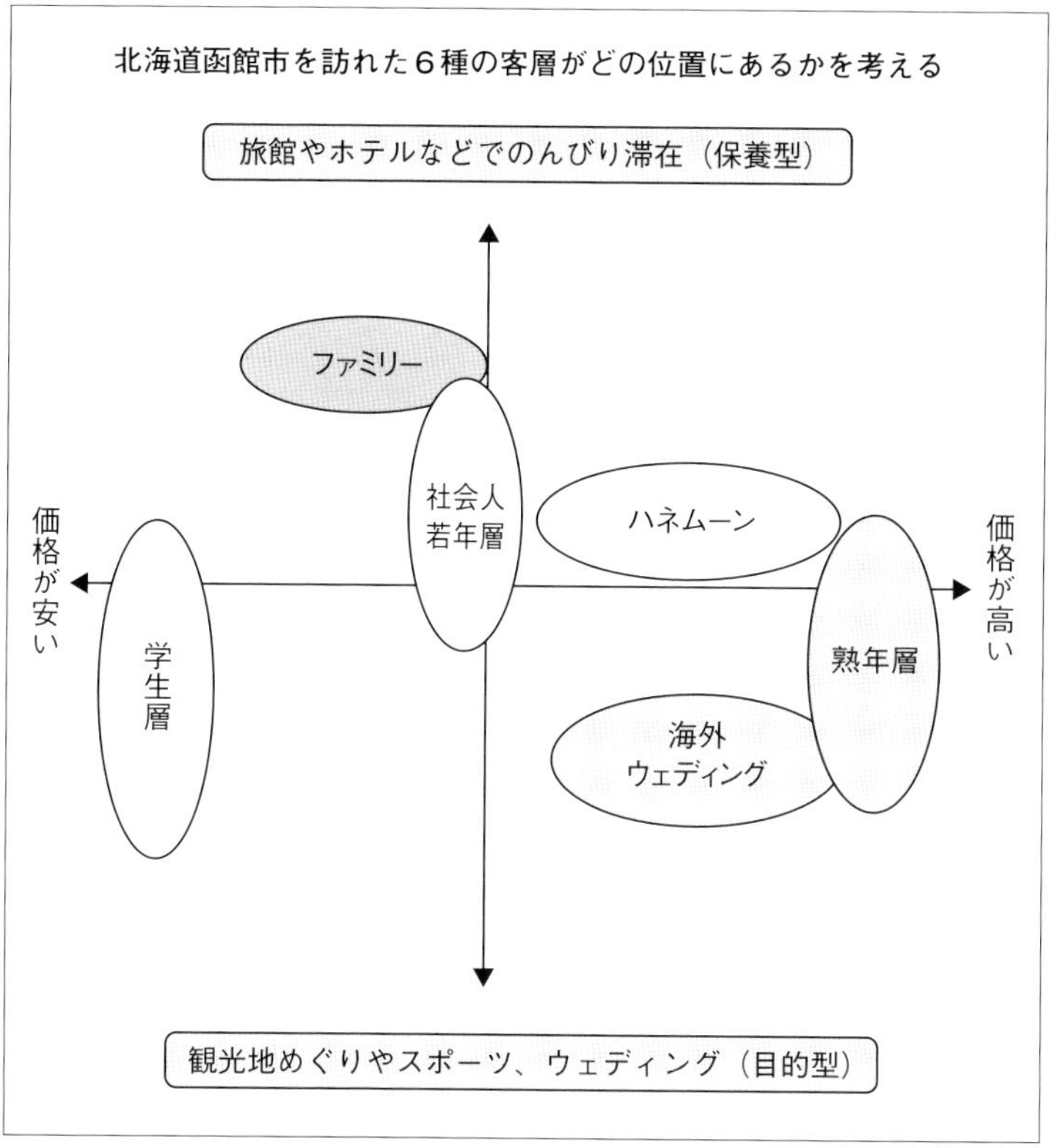


図Ⅶ－１　６種の客層に応じた観光のタイプ分けで使った２軸シート

注）上図Ⅶ-1は、森下晶美編著『新版　観光マーケティング入門』(2016) 同友館、p.232を参考に筆者が作図した。授業の実際では、客層を表したイラストカードを用意し、２軸のみを示したシートにカードを配置させた。

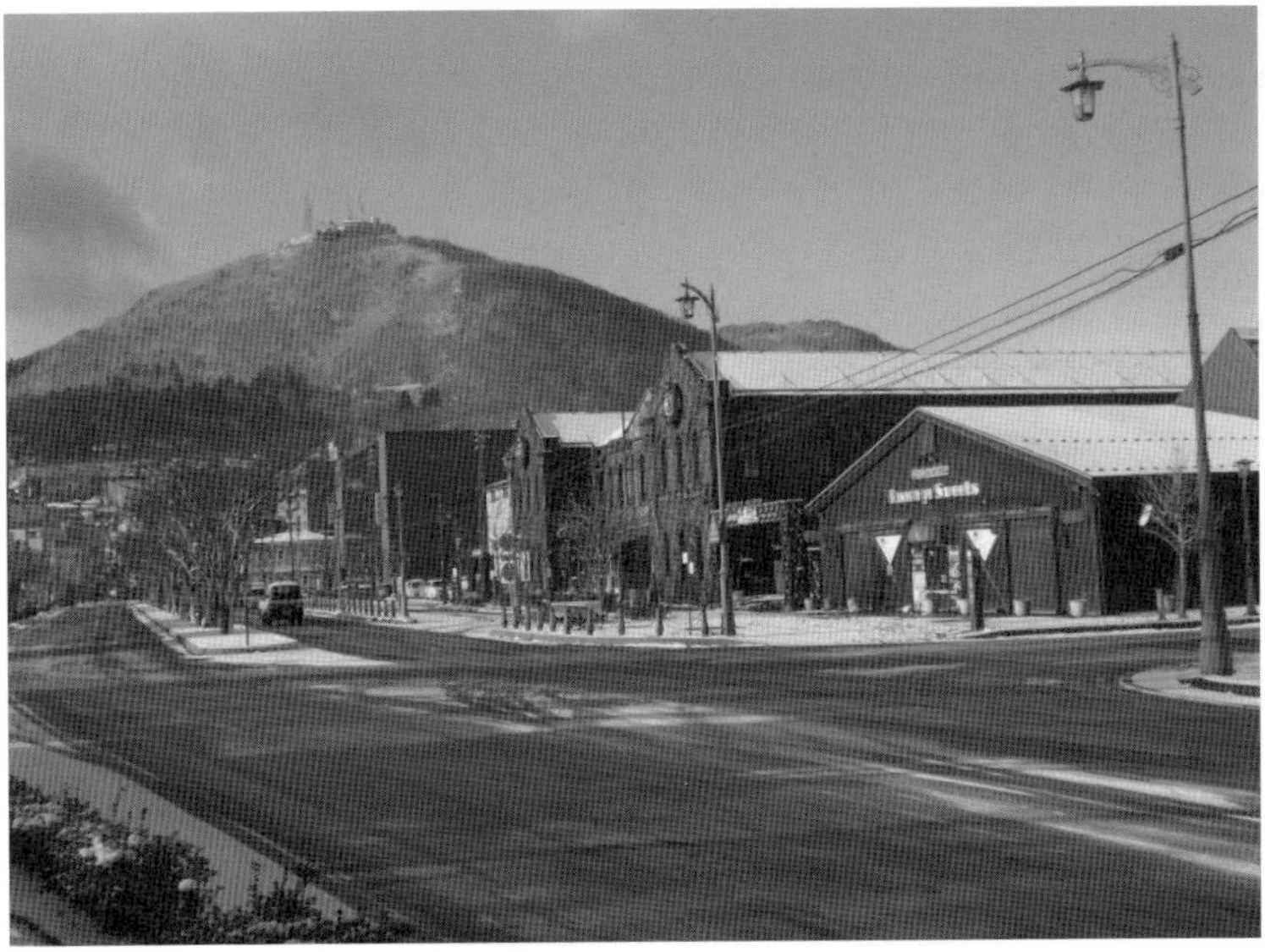

写真Ⅶ－１　観光客に人気の函館山とレトロな金森レンガ倉庫

写真Ⅶ－２　イラストカードと地図帳を使い観光地＋動詞＝道南観光プログラムを考える児童

写真Ⅶ－３　班で考えた観光客を楽しませるメニュー
（函館市の観光名所の楽しみ方が考案されている）

写真Ⅶ－４　タブレットを使い、函館市の観光情報サイトを調べる児童

写真Ⅶ－５　観光客層に応じた旅行商品のポジショニングを考え合う

写真Ⅶ－６　班で考えたポジショニングマップの結果発表

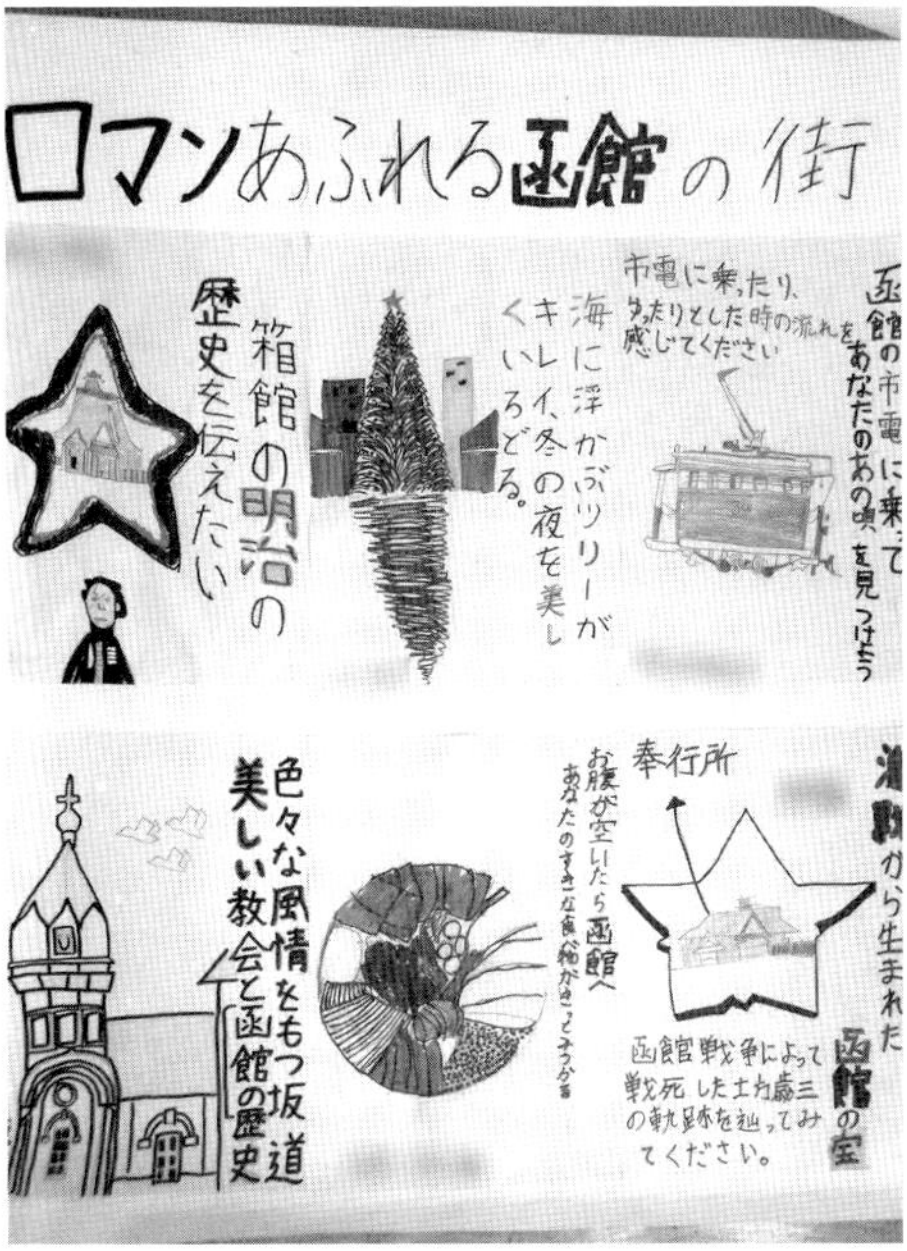


写真Ⅶ－７　１人１枚にまとめた函館観光ミニポスター
（函館の魅力を表すフレーズと挿絵が工夫されている）

写真Ⅶ－８　旅行パンフレットの切り貼りポスター（筆者が準備）

## Ⅲ　授業の概要

【1時間目】北海道や函館市が人気Ｎｏ．１である事実から、そのわけを考え、道南観光プランを地図帳を使って立案できる。

1時間目

| | 学習活動 | 指導上の留意点 |
|---|---|---|
| 導入 | 1　47都道府県の中で人気の都道府県と都市はどこかを予想する。約1000もの市区の中で最も人気の高い街が函館市であること（地域ブランド調査の結果）を知り、そのわけを考え合う。<br>・新幹線が表紙を飾っている。<br>・海産物の美味しい写真が目立つ。<br>・函館はやはり夜景かな。<br>・レトロな建物もあるよ。 | ・予想した都道府県名を出した後、意見の根拠となる自分の考えを引き出す。<br>・1位である理由を列記する。<br>・歴史と食と夜景が函館市の一番の魅力である事実を確認する。<br>・自然、食、生活文化、歴史、施設、イベントの観光６分類の枠を黒板に設けてグループから出てきた意見を大まかに教師が整理する。 |
| 展開 | 2　地図帳の「北海道地方南部」を使い、東京から訪れた観光客が楽しむ観光地＋動詞の組み合わせで楽しみ方を考え、ノートに各自１つ書き出す。<br>3　班の代表者が黒板の前に出てきて班で一押しの案を黒板に書き出す。 | ・北海道にある主な観光地名を列記する。<br>・隣の人と話し合って探してもいい。<br>・友だちのアイデアを喜んで聞くためにも相づちと感嘆の声をあげるように勧める。 |
| まとめ | 4　皆で考えたアイデアの感想を述べ合う。 | ・楽しく話し合いながら決めていく |

【2時間目】函館市の観光の魅力に気づき、観光パンフレットの読み取りを通して観光客の立場に立った情報がどのように編集されているかを考え、よりよい情報の出し方を工夫しようとする。

2時間目

| | 学習活動 | 指導上の留意点 |
|---|---|---|
| 導入 | 1　パンフレット『函館旅時間』を調べ、函館の観光の魅力が地域別にテーマを決めて伝えられていることを理解する。<br>・表紙の写真はどこか<br>・キャッチフレーズはどう工夫されているか<br>・情報は何か | ・観光地のエリアごとに魅力が特色づけられていることを知るために『函館旅時間』に書かれているキャッチフレーズを書き出した表を貼り出す。（坂道の数だけ物語がある。海を渡って来た光の瞬き。星が語り継ぐ函館の歴史。祈りの土地と癒しの場。海峡を見下ろす豊かな緑。風の向こうに煌めく光。海沿いに広がる眩い風景。ひと足伸ばして海へ山へ。お腹が空いたら函館へ。） |
| 展開 | 2　歴史と眺めと食に魅力があることを焦点化し、交通や地図、イベントの各情報からパンフレットが編集されていることを見出す | ・「あなたの“あの頃”に出会う街」というフレーズの意味を軸に函館の魅力が街の歴史物語にあることを焦点化する。 |
| まとめ | 3　地図情報や散歩コース、イベント情報、問合せ先電話番号など観光客が移動に必要な情報がコンパクトに盛り込まれていることを知る。 | ・冬場に東京から訪問した観光客にとって靴で注意する点を情報として掲載した方がいいのではないかと補足する。 |

【3時間目】授業の概要：タブレットによる観光情報の検索を行った。ＩＣＴ教育の大会校も経験したばかりの小学校であったため、各児童に1台のタブレットが使える環境が整っていたことも幸いした。多様な観光情報を検索し、観光客の目線に立った情報のつくり方を調べることができた。

【4時間目】授業の概要：図Ⅶ－1に紹介した客層に応じた観光のタイプ分けをグループで考えてもらった。意外にも各客層の特性をきちんと5年生なりに理解できていたのが興味深かった。例えば「熟年層は校長先生くらいのお年寄りだから、きっとのんびり旅したいのだと思う」とか「学生はアルバイトでためたお金で旅行しているから価格が安い方がいい」「海外から来たハネムーン客は、お金を持っているから価格が高い贅《ぜい》沢《たく》な旅をするのでは」などと類推が的確であった。主体的・対話的で観光客目線で考えるという「深い学び」がある程度実現できた。

【5・6時間目】授業の概要：1人1枚（B5白紙）函館に観光客を呼び込むための絵入りメッセージを描いてもらった。絵だけでなく効果的な観光フレーズの工夫も相俟って素敵な作品が出来上がった（写真Ⅶ－7）。

## Ⅳ　産業を支える情報の捉え方

現行の社会科情報単元では、それまでの放送局や新聞社の役割、情報による暮らしの向上を扱うことに加え、地元の観光を事例に産業を支える視点から多角的に捉えさせ、情報化の進展に伴う産業の発展や国民生活の向上について扱うように改訂された。ネット販売や広域医療サービスなども扱えるわけだが、筆者は観光こそ児童の興味関心を惹きつける題材になると考えている。観光を選択することで販売や運輸産業も関連づけることができ、何よりも児童自身、観光体験があるため身近に捉えられるからである。いまや、県の観光部局やコンベンションビューロー、民間旅行会社、出版社、地元の観光系サイトなどから多くの情報が発信されている。情報が活かされて各種産業が発展する姿をもっと児童に気づかせたい。農産品を紹介する情報サイトやパンフレットを分析させたり、観光列車や沿線イベント情報を扱いながら運輸・販売業の役割に気づかせたりする学びが想定できる。情報単元が今まで以上に面白くなる。

## V　観光地に立地する小学校の特色を生かそう

　全国各地でこのような授業が成功するとは思っていない。観光地を含む自治体に立地する小学校でこそ効果的だからである。函館市と同じ北海道では札幌《さっぽろ》市や富良野《ふらの》市、小樽《おたる》市で是非取り組んでほしい。東京とその周辺では台東区、新宿区、渋谷区、千代田区、横浜市、箱根町、京都府では市街地全域、奈良市や明日香村、大阪府では梅田や難波《なんば》、西日本では神戸市、福岡市、長崎市、那覇《なは》市、石垣市などすぐに思いつく市区も多い。それらの自治体では、急増する観光客に対応できる観光産業の成熟が必須になってきており、それを支える人材育成が急務だ。観光の学びは、観光客という他者の視点に立つことで仕事や産業の意味が明瞭になる特性がある。ニーズとウォンツの違いを見抜いてサービスを提供するのが、この産業の特色である。また、観光の学びを小学校で展開する際に、気をつけておかなければならない点は、安易なお国自慢意識に陥《おちい》らせないことである。

　6時間目に児童全員に書いてもらった作文の中から3例紹介したい。「私はこの3日間の寺本先生の授業を受けていつもの社会よりとても楽しく感じました。1日めは、道南観光プランを考えて短歌のような文章をつくりました。2日めは、寺本先生からいただいたパンフレット『函館旅時間』のよみとり、ホームページのえつらんをしました。私は、（観光客が）北海道に初めて来た時、何を持ってきたらいいか、くつは何をはけばいいのかとまどったけど、パンフレットやホームページを見て色々分かったので便利だと思いました。3日めは、客層に応じた観光の特色を学びました。絵はがきのような物も書きました。3日間まなんで、これから函館は観光客の人が観光しやすく表示などにももっと他の国の言葉も入れた方がいいと思いました。函館を観光しやすい街に変えるには函館市民も努力しないといけないなあと思いました。（5年女子）」

「わたしは、3日間で観光客の人の立場になって色々と考えました。動詞を組み合わせて文章を作ったり、パンフレットを見て函館にいても知らないことなども知ることができました。でも、わたしは客層に応じた観光を考えたのがすごく心に残りました。大人になってから、旅行するかわからないけど、だいたいの歳くらいの時は、どれくらいなど、考えられました。ネットワークの授業などでも色々な機能を見つけることができました。寺本先生の授業を受けて考える力が身についたと思います。（5年女子）」「この3日間、寺本先生が伝えたかったことは、これからの函館の未来は私達が支えていかなければならないということではないかと思います。1日目2日目は函館のパンフレットを見ましたが、自分が思っていたより函館の観光スポットはこんな所なんだ、日常の中であたり前などと思っていた事が観光客の人にとってはすごかったりとおどろきました。もう1つは、考えたり作ったりする力です。最後のパンフレット作りは観光客へ伝える事が出来たと思います。函館はこれから観光客にやさしい町、喜ばれる町を目ざして一歩一歩すすんで行きたいです。（5年男子）」

出前授業をやってよかったと思える作文を得た。

## 参考文献


寺本潔・澤達大編著『観光教育への招待―社会科から地域人材育成まで』ミネルヴァ書房、２０１６年。

寺本潔『教師のための地図活―地図帳・地球儀・防災・観光の活かし方』帝国書院、２０１７年。

# エピローグ

筆者は、小学校教諭から大学教員まで教職に務めた40年間、多くの小中学校で社会科や総合的学習の指導・助言に関わってきたが、意外に子どもたちの自県や国土に関する自然環境や産業、歴史文化の知識が薄い点に驚いている。そこで学校に依頼し、観光や防災を題材に筆者自身が出向いて授業を行う試みを続けてきた。ある小学校では延べ16時間も実施したことがある。その学校が属する自治体には、世界文化遺産があるため子どもたちに、身近にあるこの場所を実際に訪れたことがあるかと尋ねたところ、驚くことに4割の子どもが、一度もそこに行った事がないと答えた。さらに、子どもたちの口から自県の魅力を具体的に引き出すことは容易ではなかった。視野が狭いのである。観光や防災は、いわば他者の目で自県のよさや危険性を再認識できる格好の機会である。単にお国自慢あるいは自虐的な感覚でなく、自県を客観視できる地理的思考力が試される。

子どもたちにその県の観光現象に関する知識や自然環境に関する知識が

著しく不足している理由を何人かの校長に尋ねたところ、県内の小中学校では国語と算数・数学に著しく傾斜した学力向上に力が入れられているため、観光や防災のような新規の内容を扱う余裕がなくなっているとの説明を受けた。実に残念な傾向である。観光や防災の学びは、自県の地理（自然・食・地理歴史・文化等）を再認識でき、ホスピタリティや英会話能力、安全管理、観光産業、公助への関心も高めることができる実践的な知に満ちているからだ。

ハワイ州ホノルルを訪問し観光オーソリティという機関で観光教育事情の聞き取りを行ったこともある。当地では『ハワイ州観光戦略計画』が策定され、中高校段階から積極的に観光を学習内容に取り込み、原住民から受け継いだ〝アロハ〟の精神を初めとする5つの価値を専門家のワークショップも開きつつ、生徒に受け継がせる努力が実践されていた。ホテル業界や航空業界も州の観光人材育成に協賛し、ホスピタリティ研修とトラベル管理法の2種類の研修講座が17の高校で展開されていた。調べてみると日本のある県でも『観光戦略計画』が策定され読んでみると観光人材育成やそのための教育界との連携について記述が数行あった。しかし各論や具体的な教育実践につながる示唆は皆無だった。観光は関連産業が広い。その広い裾野には県民一人ひとりのサポートも含まれてくる。我が国が観光先進国に成長するためにも高くて美しい富士山型の人材輩出を目指したいものである。「地理認識の教育学」はそうした人材を育てる上での確かな土台となるだろう。

筆者が、これまで地理教育論を研究し続けられたのは、若いころから今日まで研究仲間や日本地理教育学会の方々から貴重な示唆や励ましを通して支えて下さったからである。末尾になったが記して感謝の意を表したい。岩本廣美（奈良教育大名誉教授）・池俊介（早稲田大教授）・田部俊充（日本女子大教授）・吉田和義（創価大教授）・大西宏治（富山大教授）・大島順子（琉球大准教授）・深見聡（長崎大准教授）・澤達大（京都文教大准教授）以上の方々に深くお礼申しあげます。

寺本　潔

# 初出文献一覧　【　】内の元になった論文

【第Ⅰ部】

「子どもにとっての『場所の体験』と空間認識の発達―手描き地図と探検行動に着目して―」『子ども学』２０１９年、第7号、p．68－82．


【第Ⅱ部】

「国民科地理に関する一考察―初等科地理（上）・（下）を中心にして―」『新地理（日本地理教育学会）』１９８１年、第29巻第2号、p．25－35．


【第Ⅲ部】

「浅井治平の地理教育論―旧・東京市立一中における修学旅行指導を中心にして―」『愛知教育大学研究報告』１９８９年、第38巻（教育科学編）、p．13－25．


【第Ⅳ部】

「子どもに教えたい社会資本の役割と防災教育―強くて、しなやかなニッポンへ―」『JICE REPORT』２０１４年、第24号、p．33－43．


【第Ⅴ部】

「教育旅行と観光教育―相互補完の関係を考える―」『月刊　教育旅行』２０２０年7月号、p．23－26．

【第Ⅵ部】

「多角的な思考を育む児童生徒用の観光教材コンテンツ５例の開発」『玉川大学教育学部紀要（論叢）』２０１９年、第19号、ｐ．99－１１４．


【第Ⅶ部】

「観光産業を支える情報の働きの授業―函館市弥生小学校５年生への出前授業を通して―」『まなびと』（教育出版小学社会通信）２０１５年春号、ｐ．11－17．

**筆者紹介**

## 寺本　潔（てらもと　きよし）

1956年熊本県生まれ。筑波大学附属小学校教諭、愛知教育大学教授を経て2009年より玉川大学教育学部教授。専門は、地理学、生活科・社会科教育、総合学習論、観光教育。文部省生活科指導資料作成委員、文部科学省学習指導要領作成協力者（社会：平成10年版、20年版）、中央教育審議会専門委員などを歴任。日本社会科教育学会評議員、日本地理教育学会常任委員、ちゅうでん教育振興財団評議員、観光庁「初等中等教育における観光教育の推進に関する協議会」委員などを務める。


---

**編著書**

こども博物誌『ぐるっと地理めぐり』（玉川大学出版部）、『エコアップ大作戦　全3巻』（大日本図書）、『子どもの初航海―遊び空間と探検行動の地理学』（古今書院）、『伝え合う力が育つ社会科授業』（教育出版、共編著）、『よのなかの図鑑』（監修・小学館）、『観光教育への招待―社会科から地域人材育成まで―』（ミネルヴァ書房）。『教師のための地図活―地図帳・地球儀・防災・観光の活かし方―』（帝国書院）、監修『ポプラディア＋日本の地理』全7巻（ポプラ社）等多数。生活科教科書（大日本図書）、小中社会科教科書（教育出版）、小中地図帳（帝国書院）の著者でもある。

**地理認識の教育学** ―探検・地理区から防災・観光まで―

令和3年3月20日　印刷　　令和3年3月25日　発行

著　者　寺本　潔

発行所　株式会社帝国書院

代表者　佐藤　清

東京都千代田区神田神保町3-29（〒101-0051）

電　話　03-3262-4795(代)　帝国書院販売部

振替口座　00180-7-67014

印刷・製本所　株式会社木元省美堂



printed in Japan　ISBN978-4-8071-6575-9